교회사용설명서

교회사용설명서

김덕종 지음

아직은 교회생활이 낯선 당신을 위한 쉽고 친절한 퀵가이드북

좋은씨앗

차례

추천의 글 • 6

들어가는 말 • 10

1장 성경은 무슨 책이야? • 14

2장 구원이 뭐야? • 32

3장 왜 예수님을 믿어야 해? • 48

4장 예배는 왜 드리는 거야? • 60

5장 교회가 뭐야? • 72

6장 기도는 어떻게 하는 거야? • 86

7장 헌금은 왜 하는 거야? • 104

8장 기독교인은 어떤 사람이야? • 116

9장 기독교인은 세상에서 어떻게 살아야 해? • 130

나오는 말 • 146

추천의 글

어색한 교회, 믿는 척하는 성도

교회가 점점 어색해져 갑니다. 교회가 점점 멀어져만 갑니다. 한쪽에서는 교회가 현대화, 대형화되어 가면서 교회의 담이 높아져만 갑니다. 아니, 우리 마음의 담은 더 높아지고 있는지 모르겠습니다. 그런데 우리에게 이 책은 가까운 형처럼, 조금 투박하지만 진솔하게 꾸밈없이 다가옵니다. 우리 마음의 담을 낮추기에 충분합니다.

교회(敎會)는, '가르칠 교'(敎)자를 쓰는 교회는 '가르치는 모임'이라는 뜻입니다. 좋은 교회는 잘 가르치는 교회이고, 좋은 교인은 잘 배우는 교인입니다. 그런데 오늘날 교회는 잘 가르치지 못하고, 성도는 잘 배우지 못하고 있습니다. 여러 이유가 있겠지만, 잘 알지도 못하면서 교회 지도자가 되기도 하고, 잘 알지도 못하면서 아는 척하고 믿는 척하기 때문입니다. 그래서 가르치지 않고 또 배우지 않습니다. '척'하는 것이 문제입니다. 아는 척, 믿는 척…. 그러다가 그만 교회와 척(隻 : 서로 원한을 품어 반

목하게 되다)이 지는 상태까지 이르렀습니다. 그래서 급기야 기독교를 개독교라고 부르는 사람마저 생겼습니다. 성경을 잘 모르기 때문이며, 기독교를 제대로 배우지 않았기 때문입니다.

그런데 문제는 막상 교회에서 무엇을 배워야 하는지, 무엇을 가르쳐야 하는지 모르겠다는 것입니다. 이 책은 우리가 마땅히 배워야 할 것과, 마땅히 가르쳐야 할 것을 알려 줄 뿐만 아니라, 우리가 믿는 바의 기본이 무엇인지 알려 줍니다. 이 책을 따라 읽다 보면 어느 순간 단지 아는 척하는 상태에서 진짜 알아가는 단계로, 그저 믿는 척하는 상태에서 진짜 믿음의 단계로 성장하는 것을 경험하게 될 것입니다.

윤기영

전 성균관대기독학생회 지도목사, 포도나무교회 담임목사

추천의 글

'깊이'를 '쉬움'으로 풀어낸 책

지혜로운 사람은 무언가 새로운 것을 시작할 때 그에 대한 사용설명서를 찾아 읽어 봅니다. 이 책을 받아 보았을 때, 우리에게 정말 필요했지만 좀처럼 찾아보기 어려웠던 교회생활 사용설명서임을 발견하고 반가운 마음을 금할 수 없었습니다.

저자 김덕종 목사님은 신앙서적과 일반서적을 모두 깊고 다양하게 읽으며 사역에 적용해 온 탁월한 목회자인데, 자신의 눈높이를 한껏 낮추어 교회에 처음 나온 분들을 위해 교회와 신앙의 기초를 쉽고도 탄탄하게 설명해 냅니다. 성경은 어떤 책인지, 구원받는다는 것은 무슨 뜻인지, 예수님에 대한 믿음은 무엇인지 등의 신학적 이슈들을 풀어냈을 뿐 아니라, 예배, 교회, 기도, 헌금 등 교회의 일상생활에서 만나는 실제적인 문제들을 쉽고도 간결하게 설명했고, 이러한 모든 것들이 궁극적으로 지향해야 할 기독교인의 정체성(삶의 열매, 즉 온유와 겸손) 및 기독교인의 사회생활까지 소화해 냈습니다.

교회에 첫발을 내딛는 분들에게 실제로 도움이 되는 유익한 내용으로 가득 차 있기에, 새신자들을 위한 교재로 적극 추천하고 싶습니다. 뿐만 아니라 성경과 신학의 깊은 이해를 바탕으로 쓰였기에, 교회생활에 익숙한 신자들에게도 신앙의 기초를 새롭게 반추해 볼 수 있는 기회를 제공하리라 기대됩니다. 독자들을 위해 '깊이'를 '쉬움'으로 풀어낸 이 책이 많은 분들에게 널리 읽혀 유익을 끼치게 되기를 진심으로 바랍니다.

김희석

총신대학교 신학대학원 구약학 교수

들어가는 말

반가워, 교회 처음이지?

　교회에 정말 잘 왔어. 부모님 때문에 왔는지, 친구 따라왔는지, 누군가가 전한 복음을 듣고 왔는지, 아니면 그냥 어쩌다 보니 왔는지 모르겠지만. 어떻게 교회에 오게 되었는지는 아무 상관없어. 교회에 왔다는 사실 자체가 중요하니까.

　왜냐고?

　정말 엄청난 곳에 왔으니까. 처음에는 그냥 그런가 보다 하지만 알면 알수록 깊이 빠져들 수밖에 없는 엄청난 비밀이 있는 곳이야. 정말 잘 왔어.

　교회는 처음이라 많이 낯설고 어색할 거야. 교회에 오기는 했는데 다들 모여서 뭐하는 건지도 잘 모르겠고.

　그래서 이 책을 준비했어. 이 책은 『교회사용설명서』야. 우리가 어떤 물건을 사면 그 물건을 어떻게 사용해야 하는지에 대한 설

명서가 있잖아. 이 책은 교회에 처음 나온 사람이 어떻게 해야 하는지에 대한 설명서야.

우리나라 사람들의 특징 중에 하나가 설명서를 잘 보지 않는 거라고 해. 물건을 사면 그 안에 들어 있는 설명서를 보고 사용법을 익혀야 하는데, 귀차니즘 탓인지 일단 한번 해보는 거야. 그렇게 부딪쳐서 하다 보면 사용법을 알아 가게 되니까 별 걱정을 안 하는 거지.

문제는 설명서 없이 그냥 부닥치면 어떤 경우에는 시간이 많이 걸린다는 거야. 설명서를 읽으면 1분이면 해결될 일을 가지고 한 시간씩 끙끙대기도 하지.

또 고장 날 우려도 있어. 설명서를 보지 않고 물건을 만지다가 순서를 헷갈리거나 부품을 잘못 끼워 고장 낸 경험이 있을 거야.

이런 시행착오를 겪지 않게 하려고 이 책을 썼어. 교회에 왜 다녀야 하는지, 교회 다니는 사람들은 도대체 뭘 믿는지, 교회생활은 어떻게 해야 하는지를 설명해 놓았어.

그렇다고 이 책이 깊고 자세한 설명서는 아니야. 신앙에 대한 깊은 이해를 가지고 잘 설명해 주는 책들은 서점에 가면 많아. 무지무지 많아. 그런데 그런 책들은 내용이 많다 보니 시간이 오래 걸리고 좀 어렵기도 해.

이 책은 퀵가이드북 같은 거야. 말 그대로 처음 신앙생활을 하는 사람이 당장에 교회생활을 쉽게 시작할 수 있도록 도와주는 책이야. 그러니 부담 갖지 말았으면 해.

이 책을 통해 좀 더 교회에 잘 적응하게 되면 좋겠어.

참, 내 말투가 좀 마음에 안 들까 걱정이 되기도 해. 처음 보는데 찍찍 반말이라니…. 그냥 친한 친구나 편한 선배가 들려주는 이야기라고 생각하면 좋겠네. 그래야 좀 더 편하게 읽을 수 있을

것 같아 이렇게 이야기하는 거니까.

　마지막으로 다시 한 번 말하고 싶다.

　반가워, 정말 교회에 잘 왔어!

1장
성경은 무슨 책이야?

사람들이 흔히 하는 이야기가 있어. "역사상 가장 많이 팔린 책은 성경책이다." 누군가 정확히 집계를 내지는 않았지만 그럴 만도 해. 교회 다니는 사람들 집에 가 보면 다들 성경책이 있거든. 그것도 한 권이 아니라 식구 수대로 있는 경우도 많아. 그만큼 교회 다니는 사람들에게 성경은 아주 중요해.

우리도 성경에 대한 이야기부터 할 거야. 앞으로 신앙에 대해

여러 가지 이야기를 할 텐데 그게 다 성경에 근거를 둔 내용이야. 그러니 성경이 어떤 책인지 먼저 아는 것이 필요하겠지?

인터넷으로 위키백과 한국어판에서 성경을 검색하면 이렇게 정의해. "통상 기독교 또는 유대교 신앙의 최고 경전을 일컫는 말로 거룩한 글이다."

한마디로 말하면 기독교의 경전이라는 거지. 하지만 기독교인에게 성경은 단순히 종교 경전 이상의 의미가 있어. 교회에서는 성경을 하나님의 말씀이라고 이야기해. 하나님의 계시라고 하지.

계시의 책

보통 '계시'라고 하면 무슨 신비한 체험을 해서 신을 보거나, 신의 음성을 듣거나 하는 것만 생각하기 쉬운데 그렇지 않아. 계시는 간단히 말하면 하나님이 인간에게 자신이 누구신지를 보여 주는 모든 방법이나 사건을 말하는 거야.

하나님은 자신을 계시하실 때 여러 가지 방법을 사용하셔. 이걸 크게 일반계시와 특별계시로 나눌 수 있어. 어려운 말 아니니까 긴장하지 말고.

일반계시는 말 그대로 일반적인 방법으로 계시하는 거야. 특별계시는 특별한 방법으로 계시하는 거고.

일반계시를 자연계시라고도 불러. 하나님이 자연을 통해서 자신을 보여 주시기도 한다는 말이야. 높은 산에 올라가서 경치를 보다가 놀라운 자연의 아름다움에 압도당한 경험이 있는 사람은 알 거야. 자연의 아름다움 앞에 선 사람은 막연하지만 이 자연을 만든 신의 손길을 생각하기도 해.

또 인간에게는 양심이라는 것이 있잖아. 이 양심을 통해 인간은 악에 반응하지. 이 양심도 악을 미워하시는 하나님을 가르쳐 주는 일반계시의 한 방법이야.

하지만 이런 일반계시로는 하나님을 제대로 알 수가 없어. 앞으로 이야기하겠지만 인간의 죄 때문이야. 인간의 죄가 하나님을 온전히 알 수 없도록 만들었어.

그래서 하나님은 일반적인 방법을 넘어 특별한 방법을 사용하셨어. 그걸 특별계시라고 불러. 특별계시도 여러 가지가 있어. 하나님이 직접 말씀하시기도 했고, 특별한 사람을 세워 대신 말씀하시기도 했어. 꿈이나 환상 같은 것을 사용하시기도 했고, 기적을 보여 주시기도 했어.

방법은 여러 가지이지만 그 목적은 하나야. 사람들에게 하나님이 누구신지를 보여 주고 가르쳐 주기 위해서야.

그런데 이 모든 특별계시의 종합 완성판이 있어. 그게 바로 성경이야. 성경은 부분적으로 계시되었던 것을 종합해서 완성판으로 주신 하나님의 특별계시야.

이제 우리는 이 성경을 통해 하나님이 어떤 분이신지 알 수 있어. 그래서 교회에서는 성경을 하나님의 말씀이라고 부르며 성경을 중요시하는 거야.

성경이 하나님의 특별계시의 결정판이니까 앞으로 신앙 이야기를 할 때 성경에 나오는 말씀을 가지고 할 거야.

성경의 구성

그럼 이제 본격적으로 성경에 대해 알아볼까? 성경책을 봐서 알겠지만 성경은 꽤 두꺼워. 이 엄청난 양의 성경은 크게 둘로 나눌 수 있어. 구약과 신약이야. 말을 그대로 풀자면, 구약은 오래된 약속, 신약은 새로운 약속이야.

이때 구약과 신약을 구분하는 기준이 있어. 예수님이야. 구약은 예수님이 이 땅에 오시기 전까지의 기록이고, 신약은 오신 다음의 기록이지.

그럼 구약과 신약에서 약속이라고 할 때 이 약속은 바로 예수님에 대한 약속이라는 것을 알겠지? 성경은 참 두꺼운 책이지만 중심 주제를 하나만 이야기한다면 바로 예수님이야. 구약은 앞으로 오실 예수님, 신약은 이미 오신 예수님에 대한 이야기지.

성경은 이 예수님에 대한 이야기를 다양한 방법으로 풀어 가고 있어. 그래서 책도 한 권이 아니야. 분명 성경은 한 권이야. 하지만 성경에는 서로 다른 66권의 책이 들어 있어. 창세기, 여호수아, 시편, 이사야, 마태복음, 로마서, 요한계시록 같은 책들이야. 66권의 서로 다른 책들이 모여 성경 한 권이 되었어.

이 66권 중에서 구약은 39권이고, 신약은 27권이야. 이걸 외우는 아주 간단한 방법이 있어. 어릴 때 교회에서 배운 거지. 구구단 3단을 이용하면 돼. 3×9=27. 삼구 이십칠. 외우기 쉽지?

정리하자면 성경은 66권의 책으로 된 한 권의 책이야. 그런데 66권의 책을 크게 둘로 나눌 수 있어. 구약과 신약이야. 그중 구약은 39권이고, 신약은 27권이야.

그런데 이 구약과 신약도 좀 더 자세하게 나눌 수 있어. 이건 말로 설명하는 것보다 표로 보는 것이 좋을 거야. 뒷 페이지에 있는 표를 참조해 봐.

먼저 구약성경은 크게 다섯 부분으로 나눌 수 있어. 모세오경, 역사서, 시가서, 대선지서, 소선지서로 나눠.

구약	모세오경(5권)	창세기, 출애굽기, 레위기, 민수기, 신명기
	역사서(12권)	여호수아, 사사기, 룻기, 사무엘상, 사무엘하, 열왕기상, 열왕기하, 역대상, 역대하, 에스라, 느헤미야, 에스더
	시가서(5권)	욥기, 시편, 잠언, 전도서, 아가
	대선지서(5권)	이사야, 예레미야, 예레미야애가, 에스겔, 다니엘
	소선지서(12권)	호세아, 요엘, 아모스, 오바댜, 요나, 미가, 나훔, 하박국, 스바냐, 학개, 스가랴, 말라기
신약	복음서(4권)	마태복음, 마가복음, 누가복음, 요한복음
	역사서(1권)	사도행전
	바울서신(13권)	로마서, 고린도전서, 고린도후서, 갈라디아서, 에베소서, 빌립보서, 골로새서, 데살로니가전서, 데살로니가후서, 디모데전서, 디모데후서, 디도서, 빌레몬서
	공동서신(8권)	히브리서, 야고보서, 베드로전서, 베드로후서, 요한1서, 요한2서, 요한3서, 유다서
	예언서(1권)	요한계시록

모세오경부터 차근차근 살펴볼게. 모세오경은 구약성경 가장 앞에 있는 다섯 권의 책을 의미하는 거야. 모세오경이라고 부르는 것은 이 다섯 권의 책을 모세라는 사람이 썼기 때문이야.

모세오경에는 하나님이 세상을 창조하신 이야기와 이스라엘 민족의 조상인 아브라함의 이야기와 그 자손 이야기, 이스라엘 민족이 이집트에서 나온 이야기와 하나님이 약속하신 가나안 땅으로 들어가는 이야기, 이스라엘 민족에게 하나님이 주신 여러 가지 명령들이 나와 있어.

　모세오경 다음에는 역사서가 있어. 역사서는 말 그대로 이스라엘 역사에 대한 기록이야. 역사서는 이스라엘 백성이 이집트에서 나와 하나님이 약속하신 가나안 땅으로 들어가 정착하는 이야기로 시작돼. 그러다 왕국을 세우고 끝내 멸망한 이야기가 나와.

　다음은 시가서야. 이 다섯 권의 책은 다른 책들과 문체가 달라. 산문이 아니라 시로 되어 있어 시가서라고 불러. 많은 사람들이 자기 신앙을 담아 쓴 시와 여러 교훈적인 이야기들이 있어.

　시가서 다음에는 선지서가 나와. 선지서는 선지자들이 쓴 책이야. 선지자는 예언자라고도 불러. 선지자, 예언자라고 하면 흔히 점쟁이와 같이 미래를 예언하는 것만 생각하기 쉬운데 성경에서 말하는 선지자는 단순히 미래를 예언하는 사람이 아니야.

　선지서에 미래에 대한 예언이 많이 나오긴 하지만 선지자는 기본적으로 하나님께 말씀을 받아 하나님의 뜻을 백성에게 전하는 사람이야. 전하는 내용에는 미래에 대한 예언도 있고, 현재 문제에 대한 강력한 경고도 있어.

　이 선지서는 둘로 나눌 수 있어. 대선지서와 소선지서야. 대, 소를 구분하는 것은 특별한 게 아니야. 분량이 많은 선지서를 대선지서, 분량이 적은 선지서를 소선지서로 묶은 것뿐이야.

이제 신약성경을 볼게. 신약성경도 다섯 부분으로 나눌 수 있어. 복음서, 역사서, 바울서신, 공동서신, 예언서로 나눠.

가장 먼저 나오는 것은 네 권의 복음서야. 복음서는 예수님에 대한 이야기야. 예수님이 어떤 분이신지, 어떤 일을 하셨는지를 이야기 형식으로 말하고 있어. 예수님에 대한 이야기가 네 권이나 있는 것은 네 권의 복음서가 각각 다른 관점을 가지고 예수님에 대해 이야기하기 때문이야.

다음은 역사서. 역사서라고 해봐야 사도행전 한 권이야. 앞에 나온 복음서가 예수님의 탄생에서 죽음과 부활까지의 이야기를 다뤘다면, 사도행전은 예수님의 부활 이후 이 땅에 생겨난 교회 이야기를 다루고 있어. 교회가 어떻게 세워지고 어떻게 전 세계로 퍼져 나갔는지를 보여 주는 책이야.

다음은 서신서. 서신서는 편지야. 교회에 보낸 편지도 있고, 개인에게 보낸 편지도 있어. 이 서신서는 둘로 나눌 수 있어. 바울서신과 공동서신이야. 이렇게 나누게 된 건 저자 때문이지. 바울서신은 바울이 쓴 편지야. 바울이 쓴 편지가 많다 보니 이렇게 따로 묶었어. 반면 공동서신은 바울 외에 다른 사람들이 쓴 편지야.

이 편지들을 통해 교회는 무엇을 믿는지, 교회 다니는 사람은 어떻게 살아야 하는지를 배울 수 있어.

신약의 마지막 책은 신약의 유일한 예언서인 요한계시록이야. 요한계시록은 예수님의 제자 중 한 명인 요한이 밧모섬이라는 곳에서 하나님께 받은 계시의 말씀이야. 이 세상의 마지막에 벌어지는 일들과 예수님의 재림에 대해 이야기하고 있어.

구약이 오실 예수님에 대한 이야기, 신약이 오신 예수님에 대한 이야기라고 했지? 요한계시록은 다시 오실 예수님에 대한 이야기야. 다시 한 번 말하지만 성경은 처음부터 끝까지 예수님에 대한 이야기라고 볼 수 있어.

누가 어떤 말로 썼는가?

성경을 어떻게 분류하는지를 봤으니 이제 성경에 대해 좀 더 알아보자. 성경이 그냥 한 권의 책이 아니라 66권의 책이 모인 한 권의 책이라는 것 때문에 여러 가지로 생각해야 하는 것이 있어.

먼저 성경을 쓸 때 사용된 언어야. 성경은 하나님의 말씀이지만 무슨 신비한 언어로 쓰이지 않았어. 사람들이 사용하는 언어로 쓰였어. 그래야 사람들이 이해할 수 있으니까.

구약성경과 신약성경은 쓰인 언어가 서로 달라. 구약성경은 히브리어로 쓰였어. 지금도 이스라엘에 가면 이스라엘 사람들이 쓰는 언어야.

신약성경은 시대가 완전히 달라. 구약과 신약 사이에는 400여 년의 시간 차이가 있어. 신약성경은 히브리어가 아닌 그리스어로 쓰였어. 지금 그리스에서 쓰는 언어야.

그렇다면 이 성경은 누가 썼을까? 성경의 저자 문제야. 이 질문이 이상할 수도 있어. 성경은 하나님의 말씀이라고 했으니까 하나님이 썼을 거라고 단순하게 생각할 수 있거든. 하지만 성경이 하나님의 말씀이라고 해서 그냥 하늘에서 뚝 떨어지지는 않았어.

성경은 히브리어와 그리스어로 사람들이 썼어. 구약의 첫 번째 책인 창세기와 신약의 마지막 책인 요한계시록 사이에는 1,600여 년의 시간 차이가 있어.

그 사이 40여 명의 사람들이 성경을 썼어. 누가 썼는지 아는 책도 있고 잘 모르는 책도 있어.

먼저 구약성경을 쓴 사람들을 살펴볼게. 모세오경은 모세가 썼고, 다음에 나오는 역사서는 누가 썼는지 잘 몰라. 시가서 중에서 욥기는 누가 썼는지 잘 모르고, 시편은 여러 사람이 쓴 시를 모아 놓은 거야. 그중 다윗이 지은 시가 많아. 나머지 시가서는 솔로몬이 썼고. 선지서는 그 책을 쓴 선지자 이름과 책제목이 같아.

다음의 신약이야. 신약의 복음서는 책을 쓴 사람의 이름을 책제목으로 했고, 사도행전은 누가복음을 쓴 누가가 썼어. 바울서신은 당연히 바울이 썼고, 공동서신과 요한계시록은 책을 쓴 사람의 이름과 책제목이 같아. 다만 히브리서는 누가 썼는지 명확하지 않아.

이렇게 다양한 사람들이 성경을 기록했어. 그럼 이렇게 많은 사람들이 썼으니까 성경의 저자는 사람들인가? 그렇게 단순하지 않아. 성경은 여전히 하나님의 말씀이고, 하나님이 쓰신 책이야.

정리하면, 성경은 하나님의 쓰신 책이면서 동시에 사람이 쓴 책이야. 하나님이 사람을 통해 성경을 쓰게 하셨어. 그렇다고 사람이 받아쓰기를 했다는 말은 아니야. 하나님이 불러 주시면 사람이 그대로 받아쓰지 않았어.

성경 저자들은 나름대로 자신의 경험과 자료들을 바탕으로 성경을 기록했어. 하지만 하나님이 성경을 쓰는 사람의 마음을 감동케 하셔서 하나님의 뜻대로 성경을 쓰게 하셨지.

이걸 보고 성경이 하나님의 영감으로 기록되었다고 말해. 보통 사람들도 글을 쓸 때 "영감 받았다, 영감이 떠올랐다"고 말하잖아. 그것과 비슷하지만 좀 달라.

단순히 어떤 좋은 영향을 받거나 좋은 생각이 떠오른 것이 아니야. 하나님이 성경을 쓰는 사람의 마음을 직접 인도하셔서 사람이 글을 쓰지만 그 글이 성경이 되게 하신 거야.

물 위에 떠 있는 돛단배를 생각해 보면 좀 이해하기가 쉬울 거야. 돛단배가 돛을 펼치고 움직이는 장면을 상상해 봐. 돛단배는 무슨 힘으로 움직이지? 바람이야.

여기서 돛단배는 성경을 쓰고 있는 사람이야. 바람은 하나님의 영감, 감동이야. 돛단배가 바람이 부는 방향으로 움직이는 것같이 하나님이 사람에게 영감을 불어넣으시면 사람이 하나님의 뜻대로 성경을 기록하는 거야.

성경을 기록하는 것은 분명 사람이지만 그 기록한 것을 틀린 데 없는 하나님의 말씀으로 만드신 분은 하나님이야.

이렇게 성경은 사람이 썼지만 하나님의 말씀이 되는 거야.

성경의 기록 목적

그렇다면 하나님은 왜 성경을 기록하셨을까? 이렇게 두꺼운 책을 인간에게 주신 목적이 뭘까?

성경은 구약과 신약이 있다고 했지? 그중 신약성경에 보면 디모데후서라는 책이 있어. 이 책은 바울이라는 사람이 자기 아들 같은 제자 디모데에게 쓴 편지야.

디모데후서 3장 15절부터 17절까지 보면 이런 구절이 있어. (여기서 장, 절이라는 것은 성경을 좀 더 쉽게 이해하고 찾기 쉽게 하기 위해 구분해 놓은 것을 말해. 예를 들어 지금 말한 디모데후서는 총5장으로 되어 있고, 각 장마다 20절 정도의 절로 나뉘어 있어. 성경의 맨 처음에 나오는 창세기는 50장으로 되어 있어.)

또 어려서부터 성경을 알았나니 성경은 능히 너로 하여금 그리스도 예수 안에 있는 믿음으로 말미암아 구원에 이르는 지혜가 있게 하느니라(15절).

모든 성경은 하나님의 감동으로 된 것으로 교훈과 책망과 바르게 함과 의로 교육하기에 유익하니(16절).

이는 하나님의 사람으로 온전하게 하며 모든 선한 일을 행할 능력을 갖추게 하려 함이라(17절).

먼저 15절이야. 여기에 보면 성경은 첫째, 구원에 이르는 지혜가 있게 하는 책이야. 사람이 죄를 지었기 때문에 스스로는 구원에 이를 수 없어. 성경은 이런 사람에게 어떻게 하면 구원받을 수 있는지를 가르쳐 주는 책이야.

두 번째는 17절에 나와 있어. 하나님의 사람으로 온전하게 하는 거야. 성경의 첫 번째 기록 목적이 구원이라고 했잖아. 이제 그 구원받은 사람이 어떻게 살아야 하는지를 가르쳐 주고 있어.

즉 성경은 사람이 구원받는 길을 보여 주고, 그렇게 구원받은 사람이 어떻게 살아야 하는지를 가르치기 위해 기록된 책이야. 앞으로 이것을 계속 보게 될 거야. 교회에 다닌다는 것은 결국 이 두 가지와 관련되는 거니까.

인생의 빛

지금까지 성경에 대한 전반적인 이야기는 다한 것 같아. 이제 마지막으로 이 성경이 우리에게 어떤 의미가 있는지를 보려고 해. 성경을 쓴 사람들이 하나님의 말씀인 성경을 여러 가지로 비유했어. 다 찾아보는 것이 유익하겠지만, 그러면 이야기가 한없이 길어질 테니 그중 한 가지만 볼게.

시편 119편 105절에 보면 이런 말씀이 있어. (시편은 시를 모아 둔 책이야. 그래서 1장, 2장 하지 않고, 1편, 2편이라고 해.)

주의 말씀은 내 발에 등이요 내 길에 빛이니이다.

여기에 보면, 말씀을 등과 빛에 비유하고 있어. 등이나 빛이나 비슷한 것 같은데 좀 차이가 있어.

이렇게 생각하면 쉬워. 깜깜한 밤에 바다를 항해하는 배가 항구를 찾아가기 위해서는 두 개의 빛이 필요해. 우선 항구가 어디에 있는지를 가르쳐 주는 등대의 빛이야. 배는 등대의 빛을 보고 그것을 목적지로 삼아 가야 해. 이게 바로 '내 길에 빛'이라는 의미야. 성경은 우리가 살아가면서 어디를 향해 가야 하는지를 보여 주는 인생길의 빛이야.

하지만 이것만 가지고는 안돼. 배가 등대의 빛을 보고 항구를 향해 무작정 가다가는 암초에 걸려 파선하고 말아. 그래서 배 앞을 비추는 전조등도 필요해.

이 전조등이 바로 '내 발에 등'이야. 인생길을 갈 때 우리 길을 비추는 빛도 필요하지만 하루하루 어떻게 살아야 하는지를 보여 주는 등도 필요해. 그래야 돌부리에 걸려 넘어지지 않을 수 있어.

성경은 우리 인생의 목적을 보여 줄 뿐만 아니라 하루하루 어떻게 살아가야 하는지를 가르쳐 주는 책이라고 시인은 노래하고 있는 거야.

그래서 많은 신앙의 선배들은 항상 성경을 가까이했어. 성경 말씀을 읽고, 듣고, 배우는 일이 중요하다고 강조했지.

이제 막 예수님을 믿기 시작했잖아. 앞으로 믿음이 자랄 수 있는 유일한 방법이 바로 성경 말씀이야. 신약에 있는 로마서 10장 17절에 보면 믿음은 들음에서 난다고 해.

믿음은 덮어놓고 믿는다고 생기는 것이 아니야. 성경을 펼쳐 놓았을 때 자라는 거지.

마지막으로 무디라는 사람이 했던 말로 첫 번째 이야기를 마무리할게. 무디는 기독교 역사상 아주 유명한 부흥사였어.

나는 믿음을 달라고 기도했고, 믿음이 어느 날 하늘에서 번개같이 뚝 떨어질 것을 기대했다. 그러나 믿음은 오는 것 같지 않았다. 어느 날 로마서 10장을 읽었다. 지금까지 성경은 덮어놓고 믿음을 달라고 기도만 했는데 성경을 펴고 공부하자 믿음이 줄곧 자라나기 시작했다.

성경은 사람이 구원받는 길을 보여 주고,
구원받은 후에 어떻게 살아야 하는지를 가르치기 위해 기록되었어.

2장
구원이 뭐야?

구원을 받아야 하는 이유는
우리가 죄 때문에 하나님과 분리되어 있기 때문이야.

교회에서 가장 많이 듣는 말이 있을 거야.

"예수님을 믿고 구원받아야 한다."

이 간단한 문장은 기독교의 핵심을 담고 있어. 교회에서 구원이라는 말을 항상 듣게 돼. 구원, 구원, 구원…. 도대체 교회에서 말하는 구원이란 게 뭘까? 십 원 빼기 일 원도 아니고 말이야. 아, 미안, 미안….

사실 구원이라는 말은 교회에서만 사용하는 말은 아니야. 여기저기에서 많이 들을 수 있어. 사전을 찾아보면 어려움이나 위험에 빠진 사람을 돕거나 구해 준다는 의미가 있어.

하지만 기독교에서 말하는 구원은 단순히 어려움이나 위험에 빠진 사람을 구하는 정도의 문제가 아니야. 영원한 죽음의 심판에서의 구원을 이야기해.

구원을 받았다, 받지 못했다는 것은 영원한 생명을 가졌느냐 갖지 못했느냐의 문제야. 그러니 가장 중요한 일이지.

우리는 특별한 존재다

그렇다면 먼저 생각해야 할 것이 있어. 왜 인간에게 구원이 필요한지를 생각해야 해. 왜 인간이 구원을 못 받으면 영원한 심판을 받게 되느냐의 문제지.

이 문제에 대한 답을 알려면 아주 오래전에 있었던 일을 이야기해야 해. 세상이 처음 만들어졌을 때, 인간이 처음 만들어졌을 때의 일이야.

성경의 첫 번째 책은 창세기야. 이 책의 앞부분에는 이 세상이 어떻게 생겨났는지에 대한 이야기가 나와. 많이 들어 봤을 거야. 하나님이 6일 동안 천지를 창조하셨다는 이야기.

원래 이 세상은 아무것도 없었어. 무질서하고 비어 있었지. 그러다 그때가 언제인지는 모르지만 하나님이 이 땅을 창조하셨어.

창세기 1장 1절은 "태초에 하나님이 천지를 창조하시니라"는 선

언으로 시작하고 있어.

하나님은 6일 동안 천지를 창조하셨어. 첫째 날에는 빛과 어둠을 나누셨고, 둘째 날에는 하늘을 만드시고 하늘 위의 물과 하늘 아래의 물로 나누셨어. 셋째 날에는 바다와 육지를 나누시고 식물을 만드셨어. 넷째 날에는 해와 달과 별을 만드셨고, 다섯째 날에는 새와 물고기를 만드셨어. 여섯째 날에는 땅 위에 사는 동물을 만드시고 가장 마지막으로 인간을 만드셨어. 그리고 일곱째 날에는 안식하셨지.

이 순서를 보면 인간은 가장 마지막에 창조되었어. 이것은 창조하다 보니까 그냥 그렇게 된 게 아니야. 특별한 의미가 있어. 구약성경 이사야서 45장 18절에 보면 이런 말씀이 있어.

> 대저 여호와께서 이같이 말씀하시되 하늘을 창조하신 이 그는 하나님이시니 그가 땅을 지으시고 그것을 만드셨으며 그것을 견고하게 하시되 혼돈하게 창조하지 아니하시고 사람이 거주하게 그것을 지으셨으니 나는 여호와라. 나 외에 다른 이가 없느니라.

여기에 보면 하나님이 하늘과 땅을 창조하셨다고 하면서 그 이유를 설명하고 있어. 뭐지? 사람이 거주하게 그것을 지으셨다는 거야. 즉 하나님은 6일 동안 인간이 거주하는 공간을 창조하신 거야. 이 세상이 인간을 위해 창조되었다는 말이지. 엄청나지 않아? 이 세상이 나를 위해 창조되었다는 말이.

뿐만 아니야. 시편 8편 5절에 보면 이런 말씀도 있어.

> 그를 하나님보다 조금 못하게 하시고 영화와 존귀로 관을 씌우셨나이다.

여기서 '그'는 사람을 이야기해. 하나님이 사람을 창조하셨는데 하나님보다 조금 못하게 만드셨다는 말씀이야.

사람이 하나님보다 조금 못하다는 말은 칭찬일까 욕일까? 이렇게 생각해 볼게. 어떤 사람이 축구 하는 것을 무척 좋아해. 이 사람에게 "축구 실력이 박지성보다 조금 못하네요"라고 하면 칭찬일까 욕일까?

피겨 스케이팅을 하는 사람이 있어. 이 사람에게 "김연아보다 조금 못하네요"라고 하면 당연히 칭찬이지.

사람을 하나님보다 조금 못하게 지으셨다는 것은 엄청난 거야.

사람을 감히 하나님과 비교하는 거잖아. 이 시편의 말씀은 하나님이 이렇게 사람을 대단하게 지으시고 영화롭고 존귀하게 하셨다는 말씀이야. 하나님이 인간을 얼마나 소중하게 창조하셨는지 알 수 있어.

심지어 창세기 1장에는 이런 말씀도 있어. 27절이야.

하나님이 자기 형상 곧 하나님의 형상대로 사람을 창조하시되 남자와 여자를 창조하시고.

여기에 보면 더 굉장한 말씀이 있어. 하나님이 사람을 창조하실 때 자기 형상, 곧 하나님의 형상대로 창조하셨다는 말씀이야.

사람이 하나님의 형상대로 창조되었다는 말은 하나님을 닮은 존재로 창조되었다는 말이야.

하나님을 닮았다는 말은 겉모양이 닮았다는 말은 아니야. 하나님은 육체가 없으시니까. 하나님을 닮았다는 말은 하나님의 성품을 닮은 인격적인 존재로 창조되었다는 말이야.

하나님이 창조하신 다른 피조물들은 인격적인 존재가 아니야. 오직 사람만 하나님을 닮은 인격적인 존재야. 사람만 인격적인 존재라는 것은 굉장히 중요한 의미가 있어.

신약성경에 있는 요한일서 1장 3절에 보면 우리가 하나님과 교제한다는 말씀이 있어. 한번 생각해 봐. 혹시 집에서 개나 고양이를 키우는지 모르겠네. 사람들이 집에서 개나 고양이를 기르거나 키운다고 말하지, "나는 집에서 고양이와 교제해, 개와 사귀어"라고 말하지는 않잖아.

우리가 애완동물을 키울 수는 있지만 왜 교제할 수는 없지? 격이 다르잖아. 애완동물은 인격적인 존재가 아니야. 교제는 인격적인 존재 사이에서 가능한 일이야.

하나님은 자신을 닮은 인격적인 존재로 사람을 창조하셨어. 하나님과 교제할 수 있는 격을 가진 존재로 사람을 창조하셨다는 말이야.

하나님은 이 땅을 창조하신 창조주잖아. 그렇다면 이 세상의 주인이시지. 바로 이 하나님과 교제하는 특권을 가진 유일한 존재가 인간이야.

게다가 이 교제는 그냥 친하게 지내는 정도가 아니야. 창세기에 보면 '형상'이라는 말이 아버지와 아들과의 관계를 묘사할 때 사용되기도 해.

그렇다면 결론이 어떻게 되지? 사람은 하나님의 자녀로서 하나님과 교제하기 위해 하나님의 형상대로 창조된 존재야.

사람이 하나님을 닮은 하나님의 자녀로 창조되었다는 말은 정말 엄청난 말이야. 이 세상의 주인이신 하나님은 이 세상을 다스리는 왕이셔.

그렇다면 사람들은 자동적으로 왕의 자녀가 되는 거야. 왕의 자녀를 뭐라 부르지? 왕자, 공주잖아. 사람은 본래 이 땅에 왕자와 공주로 지어진 존재야.

왕자병, 공주병 환자가 아니야. 진짜 왕자와 공주로 창조되었다니까. 게다가 하나님은 그냥 말로만 왕자, 공주라고 하지 않으셨어. 사람을 하나님의 형상대로 창조하시고 이 세상을 다스리라고 말씀하셨어. 사람은 이 세상을 다스리는 존재로 창조된 특별한 존재야.

정리해 볼게. 하나님은 6일 동안 세상을 창조하셨는데 이게 다 인간을 위한 것이었어. 사람을 하나님보다 조금 못하게 지으시고 하나님을 닮도록 창조하셨지. 하나님을 닮은 하나님의 자녀로서 이 땅을 다스리는 존재로 창조된 것이 바로 우리야.

정말 대단하지 않아?

사람의 몸을 화학적으로 분석해 보면 별 가치가 없다고 해. 어떤 사람이 사람의 몸을 화학적으로 분석한 것이 있어. 한 사람의 체중이 63킬로그램이라고 했을 때 이런 계산이 나와.

사람의 몸에서 비누 원료용 지방질 약간, 성냥개비 머리 2,200개 몫의 인, 1.8리터들이 물병 20개 만큼의 수분, 마그네슘, 못 1개 만큼의 철, 갈탄 1개 크기의 석탄, 연필 2천 개 만큼의 탄소, 유황, 머리카락 30센티미터 이상이 쓸 만한 것들이래. 이것을 모두 값으로 치면 고작 2만 원도 넘지 않을 거라고 해.

하지만 사람은 이런 화학적 계산으로 값을 매길 수 있는 존재가 아니야. 몸의 성분이 중요한 것이 아니라 우리에게 깃들어져 있는 하나님의 형상, 하나님과의 관계가 중요한 거야.

모든 사람은 하나님이 특별한 방식으로 창조하신 아주 특별한 존재야. 누구도 예외가 없어. 지금 이 책을 읽고 있는 네가 바로 하나님에게 아주 특별한 소중한 존재라는 말이야.

끔찍한 세상

그런데 좀 더 생각해 볼 것이 있어. 여기서 이야기가 마무리된다면 얼마나 좋을까? 하지만 우리가 사는 세상을 보면 사람이 하나님을 닮은 존재라는 것이 믿기지 않는 일들이 아주 많아.

뉴스를 보면 얼마나 끔찍한 사건들이 많이 벌어지는지 몰라. 자식이 돈 때문에 부모를 살해하고, 부모가 아이를 구타하여 죽이고 나서 몇 년 동안 방치하기도 하고.

최근에 전 세계적으로 얼마나 많은 테러가 벌어지고 있는지 알잖아. 자신의 이념을 위해 사람들을 무자비하게 공개 처형하는 테러 집단도 볼 수 있어.

여기에 전쟁을 생각해 봐. 전쟁은 인간이 얼마만큼 악할 수 있는지를 종합적으로 보여 줘. 자신들과 다른 편이라는 이유로 군인도 아닌 민간인들을 잔인하게 학살했다는 이야기는 새삼스럽지도 않아.

뿐만 아니야. 이 세상에는 온갖 질병으로 고통받는 사람들이 너무나 많아. 죽는 순간까지 고통 때문에 괴로워하는 사람들도 많아.

왜 이런 일이 벌어지는 걸까? 사람은 하나님을 닮은 고귀한 존재로 창조되었는데 왜 우리가 사는 세상을 보면 사람처럼 악한 존재가 없을까? 왜 이렇게 사람은 고통받으면서 살아야 할까?

성경은 그 이유를 설명하고 있어. 바로 인간의 죄 때문이야. 인간의 죄가 이 모든 악한 일들의 원인이야.

인간의 죄 때문에 하나님과의 관계가 파괴되었고, 하나님과의 관계가 깨어진 인간은 비참한 운명에 처하게 되었어.

이 죄에 대해 좀 더 자세히 알려면 역시 창세기를 봐야 해. 창세기에는 인간의 죄가 어떻게 시작되었는지가 나와 있어.

죄의 시작

하나님이 자기 형상대로 가장 먼저 창조하신 사람들이 있어. 아담과 하와야. 모든 인류의 조상이지. 하나님은 이들을 에덴동산이라는 곳에 두셨어. 에덴동산은 한마디로 낙원이야. 인간이 살 수 있는 최적의 조건을 갖춘 곳이지.

하나님은 아담과 하와를 에덴동산에 살게 하시면서 모든 것을 다 허락하셨어. 에덴동산에 있는 각종 나무의 열매를 마음껏 먹으라고 하셨어.

그런데 이 많은 것들 중에서 딱 한 가지만 금지하셨어. 그게 선악을 알게 하는 나무의 열매야. 보통 선악과라 불러.

인간은 선악과를 따 먹지 말라는 하나님의 단 한 가지 말씀만 지키면 모든 것을 풍요롭게 누리며 살 수 있었어.

하지만 문제가 생겨. 사탄의 조종을 받은 뱀이 하와에게 선악과를 따 먹으라고 유혹했고, 하와는 그 유혹에 넘어가고 말아. 뿐만 아니라 남편 아담에게도 주어 함께 먹었어.

하나님의 말씀을 거역한 거지. 이게 바로 죄의 시작이야. 이 죄 때문에 인간은 비참한 인생을 살게 되었어.

어떤 사람들은 이렇게 말하기도 해. 열매 하나 따 먹은 것이 뭐 그렇게 큰 잘못이라고 하나님이 인간에게 큰 벌을 주셨냐는 거야. 하나님이 쩨쩨하다는 거지.

하지만 아담과 하와가 선악과를 따 먹은 사건은 그냥 열매 하나 따 먹은 문제가 아니야.

뱀이 하와를 유혹할 때 이렇게 이야기해.

너희가 그것을 먹는 날에는 너희 눈이 밝아져 하나님과 같이 되어 선악을 알 줄 하나님이 아심이라.

뱀은 하와가 선악과를 따 먹으면 눈이 밝아져 하나님과 같이 된다고 이야기해. 그렇다면 여기서 하나님과 같아진다는 말은 어떤 뜻일까? 보통 무엇이 같다고 하면 두 가지 의미가 있어. same과 equal의 차이를 생각해 보면 돼.

간단히 말하면 same은 두 개가 본질적으로 같다는 의미가 강하고, equal은 두 개가 동등하다는 의미가 강해. 1+1=2라고 했을 때 '1+1'과 '2'는 본질적으로 같지는 않지만 그 값은 같다고 말하는 것을 생각하면 돼.

그렇다면 하나님과 같아진다고 했을 때 same일까? equal일까?

사람은 만들어진 존재야. 어떤 수를 쓰더라도 창조주 하나님과 본질적으로 같아질 수는 없어. 결국 하나님과 같아진다는 말은 하나님과 동등해진다는 말이야. 뭐가 동등해지는 거지?

"하나님과 같이 되어 선악을 알 줄."

선악을 아는 일에 하나님과 동등해지는 거야. 원래 선악을 아는 일, 즉 무엇이 선이고 무엇이 악인지를 판단하는 일은 하나님의 일이야.

하나님이 보시기에 좋은 것이 선이고, 하나님이 보시기에 나쁜 것이 악이지. 선악과를 따 먹는 것은 사람이 이 기준을 바꾸겠다는 거야.

그러면 하나님이 보시기에 좋은 것이 더 이상 선이 아니고, 하나님이 보시기에 나쁘더라도 사람이 보기에 좋은 것이 선이야. 하나님이 보시기에 좋더라도 사람이 보기에 나쁜 것은 악이야.

더 이상 하나님이 선악의 기준이 아니라, 사람이 선악의 기준이 되는 거야. 첫 사람은 선악과를 따 먹음으로써 더 이상 하나님의 기준이 아니라 자기 기준대로 살겠다는 것을 보여 준 거야. 하나님이 만드신 인간이 더 이상 창조주 하나님을 따라 살지 않고 자기 마음대로 살겠다고 나선 거지.

죄의 결과

창조주 하나님을 떠난 인간은 결코 행복할 수 없어. 연을 날리는 것을 생각해 봐. 잘 날고 있는 연을 자유롭게 해준다고 연줄을 끊어 버리면 연이 자유로워지나? 처음에는 그래 보이지만 연은 바로 땅에 추락하고 말아.

철길을 달리고 있는 기차가 자유로워지고 싶다고 철길을 벗어나면 대형 사고가 발생하지. 그걸 자유롭다고 말하지 않아. 탈선이라고 하지.

하나님을 벗어난 인간, 하나님과의 관계에서 탈선한 인간은 결국 하나님의 심판을 받게 돼. 신약에 있는 로마서라는 책 6장 23절에 보면 이런 말씀이 있어.

죄의 삯은 사망이요.

죄의 결과로 사람에게는 죽음이 왔어. 사람이 경험하는 모든 비참한 병과 고통은 다 죽음의 증상들이야.

뿐만 아니야. 히브리서라는 책에서는 이렇게 말씀하고 있어. 9장 27절이야.

한 번 죽는 것은 사람에게 정해진 것이요 그 후에는 심판이 있으리니.

비참한 운명은 한 번 죽는 것으로 끝나지 않아. 죽은 후에도 영원한 심판이 기다리고 있어.

이 땅에서는 죽음 때문에 고통받고, 죽은 후에는 영원한 심판이 기다리는 것이 죄를 지은 사람이 맞는 비참한 운명이야.

이 비참한 운명에서 벗어나는 것을 우리는 구원이라고 불러.

그렇다면 인간은 어떻게 이 비참한 운명에서 벗어날 수 있을까? 어떻게 해야 구원받을 수 있을까?

다음 장에는 바로 이 문제를 이야기해 볼게.

구원은 영원한 죽음의 심판을 받게 된 사람이
그 절망적인 상태에서 건짐받는 것을 말해.

3장
왜 예수님을 믿어야 해?

예수께서 이르시되 내가 곧 길이요 진리요 생명이니
나로 말미암지 않고는 아버지께로 올 자가 없느니라.

_ 요한복음 14:6

구원의 방법

2장을 시작하면서 했던 말이 있어. 교회에서 가장 많이 듣는 말, 가장 중요한 문장이 있다고 했지.

"예수님을 믿고 구원받아야 한다."

2장에서는 구원이 무엇인지 살펴봤어. 인간은 영원한 심판 가운데 있는 절망적인 상태야. 이 상태에서 벗어나는 것이 구원이라고 했어.

그렇다면 다음 질문이 자연스럽게 나오겠지. "어떻게 구원받을 수 있는가?"

처음에 살펴본 문장을 다시 보면, 교회에서는 예수님을 믿으면 구원받는다고 이야기해. 성경은 인간이 구원받는 유일한 방법은 예수님이라고 말씀하고 있어.

예수님도 직접 말씀하셨어. 신약에 있는 요한복음 14장 6절에 보면 이런 말씀이 있어.

> 예수께서 이르시되 내가 곧 길이요 진리요 생명이니 나로 말미암지 않고는 아버지께로 올 자가 없느니라.

예수님이 직접 말씀하셨어. 예수님이 길이고, 진리고, 생명이셔. 예수님을 통해서만 아버지 하나님께로 갈 수 있어.

뿐만 아니야. 사도행전 4장 11-12절에 보면 이렇게 나와 있어.

이 예수는 너희 건축자들의 버린 돌로서 집 모퉁이의 머릿돌이 되었느니라(11절).

다른 이로써는 구원을 받을 수 없나니 천하 사람 중에 구원을 받을 만한 다른 이름을 우리에게 주신 일이 없음이라 하였더라(12절).

여기서도 분명히 말씀하고 있어. 예수님의 이름 외에 구원받을 만한 다른 이름이 없어. 사람이 구원받으려면 오직 예수님을 통해야만 해. 예수님을 믿어야 해.

그런데 바로 이 사실 때문에 기독교가 욕을 많이 먹지. 교회를 다녀야만, 예수님을 믿어야만 구원받는다고 말하는 것이 너무 독선적이라는 거야. 다른 종교를 인정하지 않는 편협한 생각이라고 비판해. 많이 들어 봤을 거야.

오늘날 우리가 사는 세상을 다원적이라고 이야기해. 하나의 절대적 진리가 존재하지 않고 다양성을 인정한다는 말이야. 이것이 종교로 넘어오면 종교다원주의가 돼.

아주 간단하게 말하면, 어느 종교를 갖더라도 자신이 믿는 종교에 최선을 다하면 구원받을 수 있다는 생각이야.

이렇게 생각하면 쉬워. 등산을 생각해 봐. 산의 정상은 하나이지만 정상을 올라갈 수 있는 등산로는 많이 있어. 설악산을 예로 들면, 설악산의 정상 대청봉은 하나야. 그런데 대청봉을 올라갈 때 어떤 사람은 오색약수가 있는 남설악 코스로 올라가고, 어떤 사람은 속초에서 가는 외설악 코스로 올라가고, 또 어떤 사람은 백담사가 있는 내설악 코스로 올라가기도 해.

이것과 비슷해. 구원이라는 정상은 하나야. 이 정상을 오르기 위해 어떤 사람은 기독교라는 등산로를 믿어. 하지만 어떤 사람은 불교라는 등산로를 믿기도 하고, 어떤 사람은 이슬람교나 힌두교라는 등산로를 믿고 올라가.

어떤 종교를 믿든지 결국은 구원이라는 정상에 오를 수 있다는 거지. 이렇게 말하는 것이 종교다원주의야.

이 종교다원주의는 현대인들에게 너무 매력적이야. 현대인들의 구미에 맞게 아주 쿨하게 보이기도 하고, 넉넉하고 포용력이 있어 보여. 많은 사람들이 이렇게 믿고 있기도 하고.

하지만 교회는 아무리 종교다원주의가 좋아 보인다고 해도 인정하지 않아. 아무리 사람들에게 욕을 먹어도 오직 예수님이 유일한 구원의 길이라고 믿고 주장해.

죄 문제를 해결하신 분

왜 예수님만이 유일한 구원의 길일까?

사람이 왜 구원이 필요한 처지에 이르게 되었는지를 다시 한 번 생각해 봐야 해.

사람이 왜 구원이 필요한 절망적인 처지에 이르게 되었지? 하나님의 영원한 심판 가운데 있게 된 이유는 바로 죄 때문이야.

사람이 죄를 지어 하나님과의 관계가 파괴되었고, 창조주 하나님을 떠난 사람은 영원한 심판에 처하게 된 거지.

그렇다면 사람이 구원받는다는 것은 단순히 절망적인 처지가 나아지는 것이 아니야. 하나님과의 관계가 회복되는 거지. 하나님과의 관계가 회복되려면 하나님과 사람 사이에 있는 걸림돌을 제

거해야 해. 그 걸림돌이 바로 죄야. 죄 문제를 해결하지 않고서는 사람은 결코 구원받을 수 없어.

사람이 어떤 종교를 믿어 열심히 종교생활을 해서 구원받는 것이 아니야. 근본적으로 사람에게 있는 죄 문제를 해결해야 해.

기독교에서 오직 예수님이 구원의 길이라고 말하는 것은 예수님이 바로 이 죄 문제를 해결하셨기 때문이야.

예수님이 사람의 죄 문제를 해결하셨다는 것은 어떤 의미일까? 예수님이 그냥 "너 잘못했지만 용서해 줄게" 한다고 되지 않아. 그렇게 되면 하나님은 아무런 원칙도 없는 분이 되셔. 하나님의 원칙은 죄를 지으면 반드시 그 죄에 대한 대가를 치르는 거야. 그래야 정의가 세워질 수 있으니까.

하나님의 원칙도 세우고 사람의 죄 문제를 해결하려면 한 가지 방법밖에 없어. 사람이 받아야 하는 죄의 형벌을 누군가 대신 받는 거야.

바로 예수님이 우리가 받아야 하는 죄의 형벌을 대신 받으셨어. 우리의 죄를 위해 예수님이 대신 죽으셨다는 말이야. 이것이 교회에서 말하는 예수님의 십자가 사건이야.

십자가형은 예수님이 살던 당시에 가장 흉악한 범죄자가 받는 처벌 방법이었어. 사람을 십자가에 못 박아 매달아 놓으면 당장 죽지는 않지만 몸에 있는 물과 피가 조금씩 빠지면서 오랜 시간 동안 아주 고통스럽게 죽게 돼. 아주 잔인한 사형 방법이지.

아무런 죄도 없으신 예수님이 우리의 죄를 위해 이 십자가의 형벌을 대신 받으셨어. 우리가 받아야 하는 죄의 형벌을 대신 받으신 거야. 이 십자가를 통해서 예수님이 우리의 죄를 해결하셨다는 말이야.

이런 장면을 상상해 봐.

하늘에서 법정이 열리고 있어. 재판장은 하나님이시고, 피고는 사람이야. 검사는 우리의 대적자 사탄이야. 사탄이 사람의 죄를 하나님께 고발하고 있어. 사람은 변명의 여지가 없어. 죄를 지은 것이 사실이니까. 사탄은 사람의 죄를 근거로 사형을 구형하지.

이 구형을 듣고 재판장이신 하나님이 선고하시려고 해. 하나님의 법에 따르면 하나님의 선고 역시 사형이야. 이대로라면 사람에게는 아무런 희망이 없어.

그런데 이때 등장하는 분이 있어. 바로 예수님이야. 예수님이 우리의 변호사로 나서신 거야. 그런데 이 변호사는 좀 이상해. 원래 변호사는 피고에게 죄가 없다는 것을 주장하는 사람이잖아.

여러 가지 상황과 증거를 통해 최대한 죄가 없다는 것을 주장해야 돼.

그런데 이 변호사는 사람의 죄를 다 인정하는 거야. 죄인이 맞다는 거야. 죄인이니까 마땅한 형벌을 받아야 하고, 그 형벌은 사형이라는 것도 인정하고 있어.

그러면 정말 희망이 없네. 변호사도 죄를 인정하는 이 형벌을 피할 방법은 전혀 없어 보여.

이때 변호사 예수님이 재판장이신 하나님께 마지막 진술을 하셔.

재판장님, 피고는 죄인이 맞습니다. 죄인이니까 마땅히 그 형벌을 받아야 합니다. 죽음의 형벌을 받아야 합니다. 하지만 재판장님, 피고가 받아야 하는 죽음의 형벌을 제가 대신 받았습니다. 피고를 위해 제가 대신 십자가에서 죽었습니다. 그러니 피고는 무죄입니다.

재판장이신 하나님은 예수님의 변호를 듣고 피고인 사람에게 무죄를 선고하신 거야. 이게 바로 우리가 구원받은 사건이야.

어떻게 구원받을 수 있나

그렇다면 사람은 어떻게 구원받을 수 있을까? 아주 간단해. 이 사실을 믿으면 돼. 예수님이 우리의 죄를 위해 십자가에서 죽으셨다는 사실을 믿으면 구원받을 수 있어.

성경 말씀 중에 가장 유명한 말씀이 있어. 이 말씀은 너무 중요하니까 꼭 외우는 것이 좋아. 신약성경 요한복음 3장 16절 말씀이야.

> 하나님이 세상을 이처럼 사랑하사 독생자를 주셨으니 이는 그를 믿는 자마다 멸망하지 않고 영생을 얻게 하려 하심이라.

하나님이 세상을 사랑하셔서 독생자를 이 땅에 보내셨어. 이 땅에 오신 하나님의 독생자가 바로 예수님이야. 하나님이 보내신 독생자 예수님을 믿는 사람은 멸망하지 않고 영생을 얻는다는 말씀이야. 영생은 구원의 다른 이름이야. 영원한 멸망이 아니라 영원한 생명을 얻는다는 말이지. 예수님을 믿는 사람에게는 영생, 즉 구원이 있어.

여기에 더 놀라운 사실이 있어.

예수님의 십자가로 말미암아 우리의 죄 문제가 해결되었어. 죄 문제가 해결되었으니 하나님과 깨어진 관계도 다시 회복되었어. 하나님과의 관계가 회복되었다는 것은 그냥 관계가 좋아졌다는 정도가 아니야.

2장에서 사람이 하나님의 형상대로 창조되었다고 이야기했지? 하나님의 형상대로 창조되었다는 말은 하나님을 닮은 하나님의 자녀로 창조되었다는 말이야.

그런데 사람이 지은 죄로 인해 하나님과의 관계가 깨어지면서 사람은 더 이상 하나님의 자녀가 아니라 사탄의 종노릇을 하는 존재가 되고 말았어.

이제 예수님의 십자가를 통해 사람은 다시 하나님의 자녀가 될 수 있어. 구원받았다는 말은 다른 말로 하면 하나님의 자녀가 되었다는 말이야. 우리가 이 세상을 창조하시고 이 세상을 다스리시는 만왕의 왕의 자녀가 다시 되었어.

요한복음 1장 12절에 이런 말씀도 있어. 이 말씀도 외워 두면 좋아.

> 영접하는 자 곧 그 이름을 믿는 자들에게는 하나님의 자녀가 되는 권세를 주셨으니.

여기에 나오는 '그 이름'은 예수님을 말하는 거야. 우리의 죄를 대신해 십자가에 달려 죽으신 예수님을 영접하는 사람, 예수님을 받아들이고 예수님을 믿는 사람은 하나님의 자녀가 된다는 말씀이야.

네가 교회에 어떻게 처음 나오게 되었는지는 모르겠어. 누군가의 전도를 받고 교회에 나왔을 수도 있고, 아니면 어쩌다 보니 교회에 나왔을 수도 있지. 예수님이란 이름을 얼핏 듣기는 했지만 이렇게 구체적으로 듣는 건 처음일 수도 있을 거야.

어떻게 교회에 나왔든 중요한 것은 예수님을 믿어야 한다는 거야. 교회에 다닌다는 것은 무슨 종교행위를 하는 것이 아니라 예수님을 믿는다는 말이야.

예수님이 나의 죄를 위해 십자가에서 죽으셨다는 사실을 믿는 사람이 바로 구원받은 사람이고, 하나님의 자녀야.

혹시 아직 예수님을 믿지 않는다면 꼭 예수님을 믿게 되기를 바란다. 예수님을 믿고 하나님의 자녀가 되는 축복을 함께 누리면 좋겠어.

    우리 꼭 같이 예수님을 믿자!

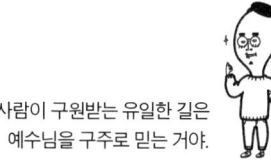
사람이 구원받는 유일한 길은
예수님을 구주로 믿는 거야.

4장
예배는 왜 드리는 거야?

어떤 외계인이 지구 밖에서 지구인의 생활을 자세히 관찰하고 연구한다고 생각해 봐. 이 외계인은 아주 특징적인 현상을 하나 발견하게 될 거야. 전 세계 인구가 70억 정도인데 그중 20억이 넘는 사람들이 정기적으로 모였다 흩어지는 거야. 그것도 어느 특정 지역이나 나라에서만 그러는 것이 아니라 전 세계적으로 나타나는 현상이야. 그 주기는 7일. 7일에 한 번씩 규칙적으로 모였다 흩어

지기를 반복하고 있어.

외계인에게는 특이한 현상이겠지만 우리는 이게 뭔지 쉽게 알 수 있어. 기독교인들이 일주일에 한 번 일요일에 교회 가서 예배를 드리는 거지.

기독교인들이 어떤 사람들이냐는 여러 가지로 설명하고 정의할 수 있어. 하지만 그냥 밖에서 보는 가장 특징적인 모습은 일요일에 교회에 모여 예배를 드리는 사람이야. 그만큼 교회에서 예배는 아주 중요하고 핵심적인 위치에 있어.

예배의 대상

예배가 뭘까? 왜 예배를 드리는 걸까?

모든 종교에는 나름대로 신을 숭배하는 예배의식이 있어. 종교마다 저마다 특색 있는 방법으로 신을 예배하지.

다른 종교에서 드리는 예배와 교회에서 드리는 예배의 차이는 뭘까? 겉으로 보이는 종교의식 자체는 비슷해 보일 수 있어. 함께 모이고, 신에게 경배를 드리는 의식 자체는 어느 종교에나 있어.

하지만 교회에서 드리는 예배는 다른 종교와는 아주 다른 근본적인 차이가 있어. 바로 예배의 대상이야. 지금 누구에게 예배하고 있느냐가 중요한 거야.

우리는 앞에서 하나님이 어떤 분이신지 살펴보았어. 하나님은 6일 동안 이 세상을 창조하셨어. 그러니 이 세상의 주인이시지. 이 세상을 창조하셨을 뿐만 아니라 지금도 이 세상을 통치하고 계셔.

교회에서 예배하는 대상은 이 세상의 창조자이시고, 이 세상의 주인이시고, 이 세상의 왕이신 하나님이야.

이 말도 독선적으로 들릴 수 있겠지만, 하나님 외에 사람의 예배를 받을 자격이 있는 대상은 없어. 다른 종교에서 드리는 예배는 잘못된 대상을 숭배하고 있는 거야. 하나님 외에는 다 피조물이니까.

하나님이 이 세상을 창조하시고 사람들에게 다스리라고 하셨잖아. 기억나지? 그러니 사람이 하나님 외에 예배할 대상은 없어. 나머지는 다 하나님이 다스리라고 주신 것들이니까.

사람은 오직 하나님만 예배해야 해.

예배의 의미

그렇다면 예배한다는 것은 무슨 말일까?

먼저 성경에 나오는 예배라는 말의 의미를 생각해 보는 게 좋을 거야. 성경에 예배로 번역된 말들을 보면 여러 가지 의미가 있어. '섬기다', '경배하다', '엎드리다', ' 봉사하다.'

이 말들을 보면 예배는 단순히 종교의식이 아니라는 것을 알 수 있어. 예배는 '특정한 시간에 모여, 어떤 순서에 따라, 어떻게 하는 것'이라고 말하지 않아.

오히려 예배는 하나님에 대한 마음과 자세와 태도라고 말하고 있어. 그래서 어떤 사람들은 예배의 의미를 영어단어를 통해 설명하기도 해.

예배로 번역되는 영어단어 중에 'worship'이라는 말이 있어. 이 단어는 합성어야. 둘로 나눌 수 있어.

worth(가치) + ship(신분)

단어 자체를 풀어 보면 '가치를 가진 존재'라는 말이지. 그렇다면 예배란 예배를 받기에 합당하신 분께 드리는 가치 있고 마땅한 행동이라고 볼 수 있어. 아까도 말했지만 예배를 받기에 합당하신 분은 하나님 한 분밖에 없어. 그러니 예배는 하나님께 최고의 경의를 표하는 거야.

이것을 구체적으로 표현하는 것이 일요일에 모여서 드리는 예배야. 하나님을 믿는 사람들이 모여서 예배를 받기에 합당하신 하나님을 찬양하고, 경배하고, 영광을 드리는 거지.

예배를 이렇게 생각한다면, 예배는 꼭 일요일에 교회에 모여서 드리는 것만을 의미하지 않아. 꼭 일요일에만 모여서 하나님께 경의를 표할 이유는 없잖아.

그래서 '예배는 삶이다', '삶이 예배다'라는 말을 하기도 해. 하나님이 일요일에 교회에만 계시는 건 아니잖아. 하나님은 우리의 일상에서도 여전히 함께하시는 분이셔.

매일 삶 속에서 하나님을 생각하고 하나님께 영광 돌리며 산다면 그 모습 자체가 예배야.

이렇게 평소 삶으로 예배를 드리는 사람들이 일요일에 모여 함께 예배를 드리는 거야.

주일의 의미

그렇다면 왜 교회는 일주일 한 번 모여서 예배를 드릴까? 왜 일요일에 모여 예배를 드릴까?

조금 어려울 수 있지만 중요한 이야기니까 잘 들어 봐.

보통 예배는 일요일에 교회에서 드려. 기본적으로 일주일에 한 번씩 드리는 거야. 여기서 일주일, 7일이라는 숫자에 의미가 있어.

2장에서 하나님이 6일 동안 세상을 창조하셨다는 이야기를 했어. 하나님이 6일 동안 세상을 창조하시고 7일째 되는 날에는 쉬셨어. 성경에는 일곱째 날에 안식하셨다고 나와.

구약성경에 보면 이 일곱째 날을 기념하여 일주일에 한 번씩 안식일로 지켰어. 오늘날 교회가 일요일에 모여 예배를 드리는 것의 원형이라고 볼 수 있어.

그런데 하나님이 쉬셨다, 안식하셨다는 말은 하나님이 그냥 아무 일도 하지 않으셨다는 말이 아니야. 하나님은 쉬실 수 없어. 하나님이 창조하신 세상이 돌아가도록 보존하고 유지하는 것도 하나님의 일이야. 그러니 하나님이 잠시라도 쉬시면 이 세상은 유지될 수 없어.

하나님이 6일간의 창조를 마치시고, 7일째에 쉬셨다는 것은 하나님의 창조가 완성되어 더 이상 하실 것이 없다는 말씀이야. 이제 사람은 하나님이 완성한 창조세계에서 안식을 누리며 행복하게 살면 되는 거야.

하지만 사람의 안식에 문제가 생겼어. 사람이 하나님의 말씀을 어기고 죄를 지은 거야. 죄를 지은 인간은 하나님의 심판을 받았지. 죽음의 심판이야. 하나님의 심판 가운데 있는 인간에게 참된 안식은 없어.

이 죄 문제를 해결하신 분이 바로 예수님이야. 예수님이 사람의 죄를 대신하여 십자가에서 죽으셨어. 예수님의 십자가 죽음으로 인간의 죄 문제가 해결되었지.

또 십자가에서 죽으신 예수님은 3일 만에 부활하셨어. 예수님이 죽었다 다시 살아나신 것은 이제 죽음의 문제도 해결되었다는 것을 의미해.

예수님의 십자가와 부활로 인간의 죄와 죽음의 문제가 해결되었어. 이제 인간은 참된 안식을 누릴 수 있게 되었어.

그런데 여기서 살펴봐야 하는 말씀이 있어. 신약성경 마태복음에 28장 1절에 보면 이런 말씀이 있어.

> 안식일이 다 지나고 안식 후 첫날이 되려는 새벽에 막달라 마리아와 다른 마리아가 무덤을 보려고 갔더니.

여기에 나오는 무덤은 십자가에서 죽으신 예수님의 무덤이야. 예수님의 무덤을 찾은 여인들은 죽음에서 부활하신 예수님을 만나게 돼. 그런데 이날은 안식일이 지난 다음 날, 즉 안식 후 첫날이야. 예수님은 안식일 다음 날 부활하신 거야.

이 안식일 다음 날이 바로 오늘날 교회가 지키는 일요일이야. 일요일은 예수님이 부활하신 날이야. 이날을 교회는 주일이라고 불러. 주일은 '주님의 날'이라는 말이야. 예수님의 부활을 기념하는 날이지.

구약시대 때 안식일을 지켰듯이 교회는 예수님이 부활하신 주일을 지켜. 죄 때문에 참된 안식이 없었는데 이제 예수님의 십자가와 부활로 참된 안식을 누리게 되었어. 이것을 기념하여 교회는 주일마다 모여서 구원받은 은혜를 감사하며 기쁨으로 예배를 드리는 거야.

그래서 주일에 모여 예배를 드리는 것은 아주 중요한 일이야. 그냥 내가 교회에 다니기 때문에 하는 종교의식이 아니야.

주일에 모여 예배를 드리는 것은 예수님이 나의 죄를 위해 십자가에서 죽으시고 부활하셨다는 것을 내가 믿는다는 고백이야. 오직 예수님만이 나의 구원자가 되신다는 고백이지.

예배드리는 태도

그렇다면 우리가 주일에 예배를 드릴 때 어떻게 해야 할까? 어떤 자세로 예배를 드려야 할까?

교회에 다니는 사람들이 이런 식으로 말을 할 때가 있어.

"나 내일 예배 보러 가야 돼."

뭐가 이상한지 알겠어? 예배는 보는 게 아니야. 텔레비전은 보는 거고, 영화도 보는 거지만 예배는 아니야.

예배는 자리에 앉아 앞에서 노래하는 거, 설교하는 거 들으면서 구경하는 게 아니야. 함께 참여하는 거지. 예배는 보는 게 아니라 함께하는 거야.

구약에 보면 시편이라는 책이 있어. 하나님을 찬양하는 노래로 가득한 책이야. 시편 100편 4절에 보면 이런 말씀이 있어.

> 감사함으로 그의 문에 들어가며 찬송함으로 그의 궁정에 들어가서 그에게 감사하며 그의 이름을 송축할지어다.

여기서 '그의 문에 들어가며', '그의 궁정에 들어가서'라는 말은 하나님께 나아간다는 말이야. 지금 우리 식으로 말하면, 하나님께 예배드리기 위해 나오는 거지. 이때 두 가지를 이야기하고 있어. 감사와 찬송이야.

우리가 예배할 때 하나님께 감사하는 마음으로 나와야 해. 우리를 창조하시고, 우리를 죄에서 구원하시고, 우리를 매일 인도하시는 하나님께 감사와 찬송을 드리는 거야.

예배는 그냥 보는 것이 아니라 함께 감사와 찬송을 드리는 거지.

이렇게 예배를 드릴 때 하나님도 응답하셔. 시편 95편 6절과 7절에 보면 이런 말씀이 있어.

오라 우리가 굽혀 경배하며 우리를 지으신 여호와 앞에 무릎을 꿇자(6절).
그는 우리의 하나님이시요 우리는 그가 기르시는 백성이며 그의 손이 돌보시는 양이기 때문이라. 너희가 오늘 그의 음성을 듣거든(7절).

6절에 보면 하나님께 굽혀 경배하며 무릎을 꿇자고 말하고 있어. 하나님께 온 마음을 다해 예배를 드리는 거지. 왜 이렇게 예배를 드려야 하는 건지 7절에서 설명해.

우리가 예배하는 하나님이 바로 우리의 하나님이기 때문이지. 우리가 하나님의 백성이고 하나님이 우리를 돌보시는 분이기 때문에 하나님께 예배하는 거야. 이렇게 예배할 때 하나님이 말씀하시는 거야.

예배는 일방통행이 아니야. 하나님과 우리가 서로 교제하는 거지. 우리가 하나님께 감사와 찬송으로 나아가면 하나님은 우리에게 말씀하시지. 이 만남을 통해서 하나님과 더 친밀해질 수 있어.

이제 앞으로 예배드릴 때 그냥 맹숭맹숭 앉아 있지 말고 내가 지금 하나님을 만난다는 생각으로 참여해 봐. 사람들이 소위 말하는 더 큰 은혜를 받을 수 있을 거야.

예배는 그저 교회에 다니기 때문에 하는 종교의식이 아니야.
주일에 함께 모여 예배를 드리는 것은 예수님이 나의 구원자가 되신다는 고백이야.

5장
교회가 뭐야?

교회는 건물이 아니다

제목이 좀 이상하지? 교회가 뭐라니. 이미 교회에 다니고 있기 때문에 이 책도 읽고 있는데.

그런데 교회에 대해 좀 생각할 필요가 있어. 우리가 많이 사용하지만 제대로 알지 못하는 말 중의 하나거든.

교회라는 말을 들으면 뭐가 가장 먼저 떠올라? 대부분의 사람들은 교회라고 하면 자기가 다니고 있거나 지나가면서 보았던 교회의 건물을 떠올릴 거야.

교회에 간다고 하면 자기가 다니는 교회의 건물로 가는 것을 말하는 거지. 이 말도 아주 틀린 말은 아니지만 교회는 단순히 건물이 아니야. 그래서 예전에는 '교회 간다'는 말도 사용했지만 '교회당에 간다', '예배당에 간다'는 말도 사용했어.

우리가 보통 교회라고 부르는 건물은 예배를 드리기 위해 모이는 장소야. 그러니까 어떤 건물을 교회라고 부르는 건 정확한 표현이 아니야.

그렇다면 교회는 뭘까?

신약성경에 보면 고린도전서라는 책이 있어. 바울이 고린도라는 도시에 있는 교회에 보낸 편지야. 그러니까 편지를 쓴 사람은 바울이고, 받은 사람은 고린도 교회야. 여기에 보면 1장 2절에 이런 말씀이 나와.

> 고린도에 있는 하나님의 교회 곧 그리스도 예수 안에서 거룩하여지고 성도라 부르심을 받은 자들과 또 각처에서 우리의 주 곧 그들과 우리의 주 되신 예수 그리스도의 이름을 부르는 모든 자들에게.

바울은 편지를 쓰면서 편지를 받는 사람이 누구인지 이야기하고 있어. 누구지? '고린도에 있는 하나님의 교회'야. 고린도에 있는 교회에 편지를 쓰고 있는 거야.

그러면서 이 '고린도에 있는 하나님의 교회'를 곧바로 설명하고 있어.

첫째 '그리스도 예수 안에서 거룩하여지고 성도라 부르심을 받은 자들'이야.

둘째 '각처에서 우리의 주 곧 그들과 우리의 주 되신 예수 그리스도의 이름을 부르는 모든 자들'이야.

고린도에 있는 교회는 고린도 시 무슨 구 무슨 동에 있는 건물이 아니야. 고린도에 있는 어느 사람의 집도 아니야. 바로 '예수님의 이름을 부르고' '성도라 부르심을 받은 사람들'이지.

교회는 건물이 아니라 사람이야. 예수님을 믿는 한 사람 한 사람이 교회이고, 예수님을 믿는 성도의 모임을 교회라고 부르는 거야.

보통 교회라고 부르는 건물은 교회인 성도들이 모이는 곳인데, 그곳에 성도들이 모인다는 걸 알리려고 편의상 무슨무슨 교회라는 알림판을 내걸면서 교회라고 부르는 거지. 정확하게 말하면 성도들이 예배를 드리기 위해 모이는 건물, 즉 교회당 내지는 예배당인 거지.

하나님의 가족

그러면 교회는 어떤 곳일까?

성경을 보면 '교회는 이런 곳이다' 하고 명시적으로 설명하기보다는 비유로 설명하는 곳이 많아. 그래서 이러한 비유를 몇 가지 살펴보면 교회가 어떤 곳인지 감이 잡힐 거야.

이제 성경 말씀 인용하는 거 좀 익숙해졌지?

먼저 에베소서 2장 19절 말씀을 볼게.

> 그러므로 이제부터 너희는 외인도 아니요 나그네도 아니요 오직 성도들과 동일한 시민이요 하나님의 권속이라.

에베소서는 바울이 에베소 교회에 보내는 편지야. 이 편지를 받는 사람들은 에베소라는 도시에 있는 교회 교인들이지. 이 구절 마지막에 보면 '하나님의 권속'이라는 말이 나와. 바울은 지금 에베소 교인들을 '하나님의 권속'이라고 부르고 있어. '권속'이라는 말은 쉽게 말하면 '가족'이라는 말이야.

정리하면 교회는 하나님의 가족이야. 이 비유는 참 많은 것을 이야기해.

우리는 본래 하나님의 가족이 아니었어. 인간의 죄로 말미암아 사탄의 지배 아래 있었지. 이랬던 우리가 이제 하나님의 가족이 되었어.

보통 가족은 어떻게 이루어지지? 요즈음은 입양을 통해서도 한 가족이 되기도 하지만 보편적인 방법은 한 부모에게서 태어나는 거지. 즉 가족은 혈연으로 묶여 있는 혈연 공동체야.

앞에서 예수님을 믿으면 하나님의 자녀가 된다고 했어. 예수님을 믿는다는 것은 예수님이 우리를 위해 십자가에서 피 흘리며 돌아가셨다는 사실을 믿는 거지. 예수님이 흘린 피가 우리를 하나님의 자녀가 되게 한 거야.

이렇게 한번 생각해 보자. 사람들은 다 혈액형이 있어. 어떤 사람은 A형, 어떤 사람은 B형, 어떤 사람은 O형, 어떤 사람은 AB형.

그런데 예수님을 믿는 사람에게는 또 하나의 혈액형이 있어. 영적으로 흐르는 누구나 가지고 있는 혈액형이 있어. JB형이야. 무슨 혈액형인지 알겠어?

'Jesus Blood.' '예수님의 피'.

예수님을 믿는 모든 사람에게는 영적인 예수님의 피가 흐르고 있어. 예수님의 피가 우리를 하나님의 자녀가 되게 했으니까. 그렇다면 교회는 말 그대로 예수님의 피를 함께 나눈 영적인 혈연 공동체야.

이 가족의 아버지는 한 분이시지. 하나님이야. 교회는 한 하나님을 아버지라 부르는 가족 공동체야.

그래서 교회에서 간혹 이런 표현을 들을 수 있어. 누구누구 형제님, 누구누구 자매님. 들을 때 좀 낯이 간지러울 수 있지만 맞는 말이야. 한 아버지 밑에 있으니 다 형제고 자매가 되는 거지.

교회는 말 그대로 한 가족이야.

예수님의 몸

이제 다른 비유를 볼게. 고린도전서 12장 27절에 보면 이런 말씀이 있어.

> 너희는 그리스도의 몸이요 지체의 각 부분이라.

아까 고린도전서는 고린도 교회에 쓰는 편지라고 했지? 지금 고린도 교회를 몸에 비유하고 있어. 그것도 그리스도, 그러니까 예수님의 몸이래.

교회는 예수님의 몸이야. 교회를 몸이라고 할 때 머리는 예수님이고, 성도들은 팔, 허벅지, 손가락, 발가락처럼 서로 다른 지체들이야.

교회가 한 몸이라는 비유는 정말 강력한 비유야. 교회는 하나라는 이야기지.

몸을 생각해 봐. 우리의 몸은 정말 긴밀하게 연결되어 있어.

텔레비전에서 이런 것을 본 적이 있어.

허리의 유연성을 보려면 서서 허리를 숙이잖아. 그때 조금이라도 더 허리를 숙이고 싶으면 방법이 있어. 허리를 만져 주는 게 아니야. 어금니 쪽을 문지르면 된다고 해. 어금니 쪽을 문지르면 어금니 안쪽의 근육이 허리 신경에 연결되어 있어서 순간 허리가 더 유연하게 움직인다고 해.

신기하지. 생각해 보면 침을 맞는 것도 비슷해. 밥을 급하게 먹고 체하면 어떻게 해? 약을 먹기도 하지만 그보다 먼저 하는 것이 있어. 손을 따잖아. 손을 따서 나쁜 피를 흘리면 체기가 가라앉는다고 하잖아. 그만큼 몸은 전체가 하나로 연결되어 있어. 교회는 바로 이런 한 몸이라고 성경은 이야기하고 있어.

그래서 교회 안에는 다툼이 없어야 해. 머리는 오른쪽으로 가라고 하는데 발은 왼쪽으로 가면 정상이 아니잖아. 손은 앞으로 가려고 하는데 발은 뒤로 가려고 해도 이상하고.

또 교회는 한 몸이기에 서로의 어려움을 함께 나눌 수 있어야 해. 몸을 생각해 봐. 손가락 끝에 상처가 생겨 심하게 부어도 그것 때문에 온몸에 열이 펄펄 나기도 해.

추운 겨울에 발가락 끝이 동상에 걸려 썩어 가는데 그걸 보면서 "아이고 발가락 안됐네. 아프겠다" 하면서 다른 사람 보듯이 하는 사람은 없어. 몸의 한 부분이 아프면 온몸이 같이 아픈 게 정상이야.

교회는 다른 사람의 아픔을 같이 나누는 곳이야.

뿐만 아니야. 교회는 다른 사람의 기쁨도 함께 나누는 곳이야.

사람들이 예쁘게 꾸미려고 반지를 끼거나 목걸이를 하잖아. 그런데 목걸이를 보면서 "목은 좋겠다. 예쁜 목걸이를 해서"라고 말하는 사람은 없어. 목에 목걸이를 걸면 몸 전체가 예뻐지는 거지.

또한 교회는 한 몸이기에 교회 안에서 다른 사람을 무시하거나 함부로 대해서는 안 돼.

"아이, 저 십이지장 재수 없어."

"도대체 왼쪽 콧구멍은 왜 저러는 건데."

우리가 이런 식으로 말하지 않잖아. 자기 몸의 한 부분을 욕하는 것은 결국 자기 몸을 욕하는 거야.

교회 안에서 누군가를 무시하거나 함부로 대하는 것은 자기 자신에게 하는 거랑 같다는 말이지.

교회는 한 가족이고, 한 몸이야.

교회가 해야 하는 것

그렇다면 교회는 무엇을 해야 할까? 교회가 집중해야 하는 것은 뭘까? 여러 가지가 있겠지만 이럴 때는 원조를 한번 찾아보는 게 좋아. 좀 잘나가는 식당들 보면 서로 자기가 원조라고 하잖아. 원조, 진짜 원조, 정말 원조….

하지만 교회의 원조는 분명해. 오늘날 교회의 원조는 2천 년 전에 예수님이 부활하고 승천하신 후 처음 예루살렘에 세워진 교회야. 우리는 이 교회를 초대교회라고 불러.

존 스토트 목사님이라는 분이 계신데 이분은 초대교회의 모습을 통해 교회가 무엇을 하는 곳인지 정리하셨어. 이제 이 이야기를 해볼게.

성경에서 초대교회의 모습이 아주 잘 나타나 있는 부분은 신약의 사도행전이라는 책이야. 사도행전은 예수님이 승천하시고 나서 이 땅에 교회가 어떻게 세워지고 성장하고 확장했는지를 보여 줘.

사도행전 2장 42절에 보면 이런 말씀이 있어.

그들이 사도의 가르침을 받아 서로 교제하고 떡을 떼며 오로지 기도하기를 힘쓰니라.

이 구절에서 주어와 서술어만 보면 이렇게 돼.
'그들이…힘쓰니라.'
여기서 '그들'은 초대교회를 가리키는 거야. 즉 초대교회 성도들이 힘쓴 것이 있다는 말이야. 이 사람들이 힘쓴 것이 무엇인지 알면 오늘날 교회가 무엇에 힘써야 하는지 알 수 있겠지.
42절에 보면 이 사람들이 힘쓴 것 네 가지를 말하고 있어.
첫째는 사도의 가르침을 받는 것, 둘째는 서로 교제하는 것, 셋째는 떡을 떼는 것, 넷째는 기도하는 거야.
첫째, 사도의 가르침을 받는 것은 말씀을 배우는 일을 말해. 사도행전을 읽다 보면 성도들이 말씀을 가르치고 배우는 장면이 많이 나오는 것을 볼 수 있어.
둘째, 서로 교제하는 것은 단순히 서로 친하게 지낸다는 의미가 아니야. 물론 서로 친밀한 관계를 맺는 것이 중요하지. 하지만 초대교회의 교제는 단순히 친한 것을 넘어 서로의 필요를 채워 주는 교제였어. 경제적으로 어려운 사람이 있으면 자기 것을 내놓아 돕는 실제적인 교제였어.

셋째, 떡을 떼는 것은 좀 생각해 봐야 해. 이건 그냥 모임을 갖다가 배가 고파서 저녁식사를 한다는 게 아니야. 친해지기 위해 서로 모여 간단한 디저트를 먹는다는 말도 아니야. '떡을 뗀다'는 말은 당시에 사용하던 일종의 관용어야.

성찬식이라고 들어 봤어? 교회에서 하는 예식인데 예배 시간에 빵을 떼어 나눠 먹고, 포도주를 함께 마시는 예식이야. '떡을 뗀다'는 말은 이 성찬식을 의미하는 말이야.

당시에는 매번 모여서 예배를 드릴 때마다 성찬식을 했어. 그러니까 '떡을 뗀다'는 말은 지금 우리 식으로 말하면 예배를 의미하는 거야.

넷째, 기도하는 것은 뭔지 알 테고. 사도행전에 보면 교회가 기도하는 장면도 많이 나오는 것을 볼 수 있어.

정리하면 초대교회는 무엇보다 네 가지에 힘썼어. 영어성경에 보면 "They devoted themselves to"라고 나와. 초대교회 성도들이 이 네 가지 일을 위해 말 그대로 자기 자신을 내던졌다는 말이야. 이 네 가지 일을 중점적으로 했다는 거지.

말씀, 교제, 예배, 기도. 이 네 가지야.

교회가 해야 할 일이 여러 가지가 있겠지만 교회는 먼저 하나님의 말씀을 배우는 일에, 서로 교제하며 필요를 채우는 일에, 하나님을 예배하는 일에, 하나님께 기도하는 일에 최선을 다해야 해. 이것이 시작이고, 가장 중요한 일이야. 교회가 존재하는 이유이기도 하고.

이렇게 할 때 교회가 성장할 수 있어. 교회가 성장한다는 말은 단순히 내가 다니는 교회의 인원이 많아진다는 말이 아니라는 건 이제 알겠지. 바로 교회인 내가 성장한다는 말이야.

이제 막 신앙생활을 시작했잖아. 예수님을 믿어 교회가 되었다면 이제 힘써야 할 것이 있어.

말씀을 배우는 것, 교제하는 것, 예배하는 것, 기도하는 것을 한번 열심히 해보자.

물론 처음에는 쉽지 않을 거야. 말씀을 배우는 것이 좀 지루할 수도 있고, 교제하는 것이 어색할 수 있어. 매주 빠지지 않고 예배하는 것이 좀 힘들고, 기도하는 것이 어려울 수 있어.

하지만 모든 일에는 다 적응하는 시간이 필요하잖아. 조금만 익숙해지면 말씀을 배우는 것이 얼마나 재미있는지, 교제하는 것이 얼마나 즐거운지, 예배하는 것이 얼마나 감격적인지, 기도하는 것이 얼마나 감사한지를 알게 될 거야.

와, 벌써 기대된다. 말씀과 교제와 예배와 기도를 통해 멋진 신앙인으로 자라는 네 모습!

예수님을 믿는 한 사람 한 사람이 교회이며,
예수님을 믿는 성도의 모임을 교회라고 부르는 거야.

6장
기도는 어떻게 하는 거야?

'지성이면 감천이다'라는 말 들어본 적 있지? 사람이 정성을 다하여 원하면 하늘도 감동해서 그 뜻이 이루어질 수 있다는 말이지. '지성이면 감천이다'라는 말을 들으면 떠오르는 장면이 있어. 단정하게 옷을 차려입은 어머니들이 새벽 일찍 일어나 그릇에 깨끗한 물을 떠 놓고 도시로 떠난 자녀를 위해 정성껏 비는 모습이야. 텔레비전이나 영화에 가끔 나오잖아.

우리가 '기도'라는 주제를 이야기할 때 이것과 비슷하게 생각할 수 있어. 우리가 정말 간절하게 원하는 게 있을 때 정성을 다해 하나님께 간구('간절히 구한다'는 뜻이야)하면 하나님이 들어주신다는 그림이지.

물론 기도에는 간구의 요소가 있어. 우리가 간절히 기도할 때 하나님이 들어주셔. 그런데 단지 간구가 기도의 전부는 아니야.

　기도를 간구로만 생각하면 그건 하나님을 도깨비 방망이나 알라딘의 요술램프에 나오는 요정 지니 정도로 생각하는 거야. 하나님이 우리의 소원을 들어주기 위해 존재하는 분이라는 거니까. 그러면 기도는 도대체 뭐고, 어떻게 해야 할까?

기도는 교제다

기도 시간은 하나님과 교제하는 시간이야. 앞에서 하나님이 사람을 하나님의 형상대로 창조하셨다는 것을 배웠어. 그때 그렇게 창조하신 이유가 뭐라고 했지? 기억 안 난다고 실망하지 마. 기억 안 나는 게 정상이야. 기억나면 훌륭한 거고.

하나님이 사람을 하나님의 형상대로 창조하신 가장 큰 이유는 사람과 교제하기 위해서야. 함께 교제하기 위해 하나님과 같은 인격적인 존재로 사람을 창조하셨지.

그럼 우리가 어떻게 하나님과 교제할 수 있을까? 사람이 하나님의 형상대로 창조되었으니 사람들이 교제하는 걸 생각해 보면 돼.

소개팅을 해서 누군가를 만났다고 해봐. 그 사람이 마음에 들어. 그럼 어떻게 해야 하지? 어떻게 해야 그 사람과 관계가 지속될까? 그냥 한 번 만나고 헤어져서는 관계가 계속될 수 없어. 계속 만나야지. 톡 보내고, 전화하고, 얼굴 보면서 밥도 먹고, 영화도 보고.

이래야 교제한다고 할 수 있어.

하나님과도 마찬가지야. 하나님과 교제하기 위해서는 하나님과 지속적으로 만나야 해. 기도하는 시간은 바로 하나님과 지속적으로 만나는 시간이야. 하나님과 교제하는 시간이지.

출애굽기 33장 11절에 보면 이런 말씀이 있어.

> 사람이 자기의 친구와 이야기함같이 여호와께서는 모세와 대면하여 말씀하시며 모세는 진으로 돌아오나 눈의 아들 젊은 수종자 여호수아는 회막을 떠나지 아니하니라.

여기에 보면 모세가 나와. 우리가 아는 그 모세 맞아. 영화에도 나오고 디즈니 애니메이션에도 나온 모세. 이집트에서 430년 동안 노예로 살고 있던 이스라엘 백성을 하나님의 지시를 받아 탈출시킨 이스라엘의 영웅이지.

모세에게 중요한 일과가 하나 있었어. 당시 이스라엘 백성은 이집트에서 탈출해 가나안 땅으로 가기 전에 광야에서 텐트를 치고 살았어. 이스라엘 백성이 모여서 텐트를 친 것을 진이라고 불러.

모세는 진 밖에 자기 텐트를 치고 회막이라고 불렀어. 회막이 무슨 뜻인지는 알겠지? 만남의 텐트야. 누구와 누구가 만나는 걸까? 하나님과 모세가 만나는 텐트야.

하나님은 여기에서 모세를 만나셨는데 마치 사람이 친구와 이야기하는 것과 같았다는 거야.

기도는 하나님과의 만남이고, 교제이고, 대화야.

주기도문

그렇다고 기도에 간구의 요소가 없다는 이야기는 아니야. 우리가 연약하고 부족하기 때문에 하나님께 많은 것을 의존할 수밖에 없어. 그러니 기도하면서 하나님께 여러 가지를 간구하는 것은 자연스럽고 당연한 거야. 다만 간구 그 자체가 목적은 아니라는 말이야.

그래서 간구할 때도 잘해야 돼. 그냥 자기 욕심을 채우기 위해 간구해서는 안돼.

그럼 무엇을 어떻게 간구해야 할까?

감사하게도 예수님이 이미 정답을 정리해서 말씀해 주셨어. 그게 바로 우리가 예배 시간에 많이 하는 '주기도문'이야.

예배를 마무리하거나 모임을 마무리할 때 주기도문 많이 하잖아. 주기도문은 기도야. '주님께서 가르쳐 주신 기도'라는 뜻이야. 그런데 많은 사람들이 주기도문을 기도로 하지 않아. 어릴 때부터 외우다 보니 그냥 형식적으로 빨리빨리 외우는 경우가 많아.

주기도문에서 '기도'가 빠지면 뭐가 되지? '주문'이 돼. 주기도문은 '수리수리 마수리' 하는 주문이 아니야. 기도지. 그러니 주기도문을 할 때 그 내용이 뭔지 잘 생각하면서 해야 해.

우리가 하는 주기도문은 마태복음 6장에 나와 있어. 예수님이 "그러므로 너희는 이렇게 기도하라"고 하시면서 직접 가르쳐 주셨어. 그러니 주기도문의 내용을 잘 보면 우리가 무엇을 어떻게 기도해야 하는지를 알 수 있어.

주기도문은 외우고 있나? 교회에서 정말 많이 사용하니까 주기도문은 빨리 외워 두는 게 좋을 거야.

하늘에 계신 우리 아버지

아버지의 이름을 거룩하게 하시며

아버지의 나라가 오게 하시며

아버지의 뜻이 하늘에서와 같이 땅에서도 이루어지게 하소서.

오늘 우리에게 일용할 양식을 주시고

우리가 우리에게 잘못한 사람을 용서하여 준 것같이

우리 죄를 용서하여 주시고

우리를 시험에 빠지지 않게 하시고 악에서 구하소서.

나라와 권능과 영광이 영원히 아버지의 것입니다.

아멘.

주기도문은 크게 세 부분으로 나눌 수 있어.

I. 기도의 대상
II. 기도의 내용
III. 송영

이걸 좀 더 자세히 하면 이렇게 정리할 수 있어.

I. 기도의 대상
　하늘에 계신 우리 아버지

Ⅱ. 기도의 내용

　1. 하나님과 관계된 기도

　　① 아버지의 이름을 거룩하게 하시며

　　② 아버지의 나라가 오게 하시며

　　③ 아버지의 뜻이 하늘에서와 같이 땅에서도 이루어지게 하소서.

　2. 우리와 관계된 기도

　　① 오늘 우리에게 일용할 양식을 주시고

　　② 우리가 우리에게 잘못한 사람을 용서하여 준 것같이 우리 죄를 용서하여 주시고

　　③ 우리를 시험에 빠지지 않게 하시고 악에서 구하소서.

Ⅲ. 송영

　나라와 권능과 영광이 영원히 아버지의 것입니다.

어떤 흐름인지 알겠지? 먼저 우리가 기도하는 대상이 누구인지를 분명히 하고 그 대상에게 구체적으로 기도하는 거야. 기도의 마무리는 영광을 돌리는 것으로 끝나고.

기도의 대상

이제 좀 더 자세하게 볼게. 먼저 기도의 대상이야. 영화나 드라마를 보면 아주 절망적인 순간에 주인공이 무릎을 꿇고 힘없는 목소리로, 아니면 하늘을 쳐다보며 목청껏 외치는 장면이 나오곤 해.

"하늘이시여!"

하지만 우리는 기도할 때 이렇게 누군지 모르는 막연한 존재에게 하는 게 아니야. 주기도문 맨 처음에 보면 우리가 기도를 드리는 기도의 대상이 누구지? '하늘에 계신 우리 아버지'라고 이야기하고 있어.

우리는 하나님 아버지에게 기도하는 거야. 교회에 대해 배울 때 이야기했지? 하나님은 우리 아버지가 되셔. 우리의 기도는 자녀가 아버지에게 하는 간구야.

물론 요즈음은 세상이 하도 이상해져서 자녀에게 못된 짓을 하는 아버지도 있기는 하지만 하나님은 다르셔. 하나님은 우리를 정말로 사랑하시는 아버지셔. 자녀를 위해 자신을 희생하시는 아버지이시지.

그런데 이 아버지는 하늘에 계신 분이야. 하늘에 계신 분이라는 것은 이 땅을 초월한 전능하신 분이라는 말이야.

이렇게 생각해 봐. 자녀를 정말 사랑하는 아버지가 있어. 자녀가 요구하는 것은 다 들어주고 싶은 아버지야. 하지만 아무리 자녀를 사랑하더라도 능력이 없으면 요구를 들어줄 수 없어. 자녀가 백화점에서 가서 100만 원이나 하는 장난감을 사 달라고 하면 사 줄 수 있는 아버지가 얼마나 되겠어.

하지만 우리 아버지이신 하나님은 달라. 하늘에 계신 전능하신 분이야. 이 땅을 창조하신 분이야. 그러니 우리가 어떤 요구를 해도 들어줄 능력이 있으신 분이야.

우리는 우리를 정말로 사랑하시고 우리의 요구를 들어주실 수 있는 하늘에 계신 아버지에게 기도하는 거야.

기도의 내용

두 번째로 기도의 내용이야. 무엇을 간구해야 하는지에 대한 거지. 이걸 하나씩 자세히 다루려고 하면 이것만 해도 책 한 권 분량이야. 그래서 대략적인 이야기만 할게.

기도의 내용은 크게 둘로 나눌 수 있어. 하나님과 관계된 기도와 우리와 관계된 기도야. 이 밑에 각각 세 개의 간구가 있어.

우선 하나님과 관계된 기도를 보자.

첫 번째는 하나님의 이름이 거룩하게 해달라는 기도야. 하나님의 이름은 단순히 하나님을 부르는 호칭이 아니야. 성경에 보면 하나님의 이름이 다양하게 소개되고 있어. 하나님의 이름은 하나님이 어떤 분이신지를 보여 주는 거야. 그러니까 하나님의 이름이 거룩하다는 말은 하나님이 거룩하시다는 말이지.

'거룩'이라는 말도 한번 생각해 봐야 해. 보통 '거룩'이라고 하면 어떤 분위기를 떠올리기 쉬워. 뭔가 조용하고 장엄한 분위기를 생각하지. 하지만 '거룩'이라는 말은 그런 분위기나 느낌이 아니야.

'거룩'이라는 말은 본래 '자르다'는 뜻을 가지고 있어. 여기에서 '분리하다, 구별하다'는 의미가 나와. 거룩하다는 것은 구별된다는 말이야.

그렇다면 하나님은 무엇과 구별되신 분일까? 하나님은 이 땅을 창조하신 분이야. 그러니 하나님은 피조물과 구별되신 분이지. 세상의 어떤 것도 하나님과 같을 수 없어.

정리하면 '아버지의 이름을 거룩하게 하시며'라는 기도는 하나님은 구별되신 분, 하나님은 피조물과 구별되신 영광스러운 분이라는 고백이야. 하나님의 영광을 간구하는 것이 가장 첫 번째 기도가 되는 거야.

하나님과 관계된 두 번째 기도는 하나님의 나라를 위한 기도야.
   학교에서 국가의 3요소를 배웠던 기억이 있을 거야. 생각나? 영토, 국민, 주권이야. 이 중에서 가장 중요한 요소가 뭐지? 주권이야.
   일제 강점기 때를 생각해 보면 돼. 그때도 조선 땅은 있었어. 조선 백성도 있었지. 하지만 나라를 통치할 수 있는 주권을 빼앗기자 나라를 빼앗겼다고 말해.
   하나님의 나라도 마찬가지야. 하나님의 나라는 하나님이 통치하시는 나라야. 그렇다면 하나님의 통치는 어디에서 이루어지는 걸까?
   이것도 일반 국가를 생각해 보면 쉬워. 대한민국의 통치는 어디에서 이루어지지? 물론 대한민국 영토 안에서 통치가 이루어지지. 하지만 대한민국 영토라고 해도 외국 대사관은 통치권 밖이야. 반면 외국에 살더라도 대한민국 국민은 대한민국 법의 효력 아래 있어. 통치권을 이야기할 때 땅도 중요하지만 더 중요한 것은 국민이야.

하나님의 나라도 마찬가지야. 하나님 나라의 통치는 하나님 나라의 백성, 다시 말하면 교회인 성도들 안에서 이루어져. 하나님의 나라는 하나님의 백성인 성도들이 하나님의 뜻에 순종하면서 사는 것을 말하는 거야.

그러니까 하나님과 관계된 두 번째 기도 '아버지의 나라가 오게 하시며'는 이 땅에 하나님의 통치가 이루어지게 해달라는 기도이자, 하나님의 백성인 우리가 하나님의 통치를 받으며 하나님을 왕으로 모시고 살겠다는 결단이야.

세 번째는 하나님의 뜻에 대한 기도야. 기도는 내 생각과 내 뜻을 기도라는 행위를 통해 관철하는 것이 아니야. 기도는 하나님과의 대화라고 했잖아. 기도를 통해 하나님의 뜻을 알 수 있고, 하나님의 뜻을 이룰 수 있어.

'아버지의 뜻이 하늘에서와 같이 땅에서도 이루어지게 하소서'라는 기도는 하늘에서 이미 하나님의 뜻에 순종한 것같이 이 땅에서도 만물이 하나님의 뜻에 순종하기를 바라는 기도지. 이제 내가 하나님의 뜻대로 살겠다는 결단이기도 하고.

이제 우리와 관계된 기도를 볼까?

첫 번째는 일용할 양식을 달라는 기도야. 일용할 양식은 말 그대로 하루 먹을 만큼의 양식이야. 언뜻 생각하면 이 기도는 좀 쩨쩨하고 치사한 기도같이 보이기도 해. 기왕에 구할 거면 평생 먹을 것을 달라고 하거나, 그것도 아니면 적어도 일 년치 먹을 것은 달라고 해야지 겨우 하루치 먹을 양식을 달라고 기도하고 있으니까.

하지만 일용할 양식을 달라는 기도는 쩨쩨한 기도가 아니야. 많이 달라고 하면 하나님이 안 주실까 봐 걱정하면서 하는 기도도 아니야. 오히려 믿음의 기도야.

우리는 왜 오늘 양식만 구하면 되는 걸까? 미리 구할 필요가 없어서야.

내일 양식은 내일 구하면 돼. 그러면 하나님이 내일 또 주실 거니까. 모레 양식은 모레 구하면 되고. 하나님이 매일 주실 것을 믿으니까 그날 먹을 것만 구하면 되는 거야.

'오늘 우리에게 일용할 양식을 주시고'라는 기도는 매일매일 하나님이 공급하시는 것을 믿고 의지하면서 살겠다는 믿음의 기도야.

두 번째는 죄 용서의 기도야. 이 기도를 오해해서는 안돼. 우리가 다른 사람을 용서하는 것이 기준이 되어 하나님이 우리를 용서하신다는 게 아니야. 우리가 다른 사람을 충분히 용서하면 그제서야 하나님이 우리를 용서하신다는 뜻이 아니야.

하나님은 우리를 위해 자신의 독생자를 십자가에서 죽이는 엄청난 희생을 치르셨어. 원수 같은 누군가를 살리려고 하나밖에 없는 자기 자식을 죽이는 걸 상상해 봐. 우리는 하나님께 상상할 수 없는 방법으로 죄 용서를 받은 사람들이야.

'우리가 우리에게 잘못한 사람을 용서하여 준 것같이 우리 죄를 용서하여 주시고'라는 기도는 하나님께 죄 용서의 은혜를 받은 우리가 이제 다른 사람도 용서할 수 있게 해달라는 기도야.

세 번째는 시험과 악에 대한 기도야. 우리가 살아가는 이 세상은 여전히 악한 사탄이 힘을 발휘하고 있어. 우리를 유혹하기 위해 여러 가지로 시험을 하고, 사방에서 악한 영향력을 행사하고 있지.

우리가 이런 세상에서 어떻게 하나님의 뜻대로 살 수 있을까? 어떻게 믿음 안에서 살 수 있을까? 우리의 힘만으로는 안돼. 하나님이 도와주셔야 해.

'우리를 시험에 빠지지 않게 하시고 악에서 구하소서'라는 기도는 내 힘만으로 시험과 악을 이길 수 없으니 하나님이 이기게 해달라는 기도야.

이렇게 하나님에 대한 간구 세 가지와 우리에 대한 간구 세 가지를 드리고 하나님께 영광과 찬양을 돌리는 것으로 주기도문은 끝나게 돼.

이처럼 주기도문은 우리가 누구에게 기도하는지, 무엇을 위해 기도해야 하는지를 잘 보여 주는 기도문이야. 앞으로 주기도문으로 기도할 때는 그냥 주문 외우듯이 하지 말고 그 내용을 생각하면서 기도하자.

예수님의 이름으로

보통 기도를 이렇게 마무리하지.

"예수님의 이름으로 기도드렸습니다. 아멘."

우선 '아멘'이라는 말의 뜻은 여러 가지로 말할 수 있지만 기도에서 사용할 때는 '그렇게 될 줄로 믿습니다'의 의미를 가지고 있어. 기도를 마치고 자신이 기도한 것을 하나님을 들어주실 것을 믿는다는 의미지.

그렇다면 우리는 왜 예수님의 이름으로 기도하는 걸까? 우리가 구원에 대해 이야기했을 때 배운 것을 생각해 보면 돼.

본래 인간은 죄 때문에 하나님께 나아갈 수 없는 존재였어. 그런데 예수님의 십자가를 통해 하나님께 나아갈 수 있게 되었지. 예수님의 이름으로 기도한다는 것은 이제 내가 예수님의 이름을 힘입어서 하나님께 나아간다는 신앙고백이야.

또 성경에 보면 예수님이 십자가에서 죽으시고 부활하신 후에 40일 동안 이 땅에 계시다가 승천하셔. 승천하신 예수님은 지금 하나님의 보좌 우편에 계셔. 예수님은 그곳에서 우리를 위해 여전히 기도하고 계시지. 그래서 우리를 위해 기도하시는 예수님의 이름으로 기도하는 거야.

이제 기도가 뭔지 대략 감은 잡았지? 기도는 교회 다니는 사람에게 엄청난 특권이야. 우리가 기도하면 이 땅을 통치하시는 전능하신 하나님이 귀 기울여 들으시니까. 그것도 우리를 사랑하시는 아버지가 말이야.
 앞으로 이 기도의 특권을 마음껏 누리자!

예수님의 이름으로 기도한다는 것은,
예수님의 이름을 힘입어서 하나님께 나아간다는 신앙고백이야.

7장
헌금은 왜 하는 거야?

이번에는 좀 민감한 문제를 이야기해 보려고 해. 바로 돈 문제야. 교회에 다니는 사람은 예배 시간에 헌금을 드려. 심지어 자기 수입의 10분의 1, 십일조를 드리기도 해.

헌금, 십일조는 믿지 않는 사람들이 교회를 비난할 때 자주 등장하는 단골 메뉴야.

왜 교회에 다니는 사람들은 헌금을 내는 걸까? 그것도 수입의

10분의 1이나 말이야.

    헌금 문제를 이야기하려면 좀 더 근본적인 문제를 이야기해야 해. 돈에 관한 이야기야. 돈을 어떻게 바라보느냐가 정리되어야 헌금 이야기를 제대로 할 수 있어.

소유권

돈 문제에서 가장 중요한 쟁점은 소유권이야. 누가 돈의 주인이냐는 거지. 은행에 아무리 돈이 많아도 그 돈을 내 마음대로 쓸 수는 없잖아. 내 돈이 아니니까. 은행에 있는 돈을 자기 마음대로 쓰는 사람은 도둑이지. 뭐 요즈음 우리나라에 이런 큰 도둑들이 많아서 문제지만….

어쨌든 돈의 소유권이 누구에게 있냐는 문제가 중요해. 그런데 여기서 말하는 돈은 은행에 있는 돈과 같이 나와 상관없는 돈이 아니야. 내 통장에 있는 돈, 내 주머니에 있는 돈을 말하는 거야.

말이 이상하지. 내 통장에 있는 돈, 내 주머니에 있는 돈의 소유권이 누구에게 있냐니? 당연히 내 돈이지.

그런데 성경은 좀 다르게 말하는 것 같아.

구약성경에 보면 역대상이라는 책이 있어. 이스라엘 왕들이 다스릴 때의 일을 기록한 책이야. 역대상 29장 10절에서 19절까지 보면 이스라엘의 두 번째 왕이었던 다윗 왕의 기도가 있어. 다윗 왕은 이스라엘 역사상 가장 위대한 왕이야.

다윗 왕 때는 아직 성전이 지어지지 않았어. 이스라엘 백성은 성막이라고 부르는 텐트에서 제사를 드렸지. 그래서 다윗 왕은 성전을 지어 하나님께 드리고 싶어 했어. 하지만 하나님은 성전 짓는 일은 다윗이 아니라 다윗의 아들 솔로몬 왕이 할 것이라고 하셨어.

그래서 다윗 왕은 솔로몬 왕이 성전을 건축할 수 있도록 만반의 준비를 다 해놓았어. 역대상 29장의 기도는 다윗 왕이 이런 준비를 마친 후에 하나님께 드리는 기도야.

그런데 이 기도에 보면 반복해서 나타나는 표현이 있어.

천지에 있는 것이 다 주의 것이로소이다(11절).

부와 귀가 주께로 말미암고(12절).

모든 것이 주께로 말미암았사오니 우리가 주의 손에서 받은 것으로 주께 드렸을 뿐이니이다(14절).

성전을 건축하려고 미리 저축한 이 모든 물건이 다 주의 손에서 왔사오니 다 주의 것이니이다(16절).

공통적으로 어떤 내용이 반복되고 있는지 알겠지? 내가 성전 건축을 위해 많은 재물을 드리지만 이것이 원래는 다 하나님의 것이라고 말하고 있어.

지금 다윗 왕이 드린 것들은 분명히 개인 재산이었어.

앞선 3절에 보면 다윗 왕이 분명히 말하거든.

> 내가 사유한 금, 은으로 내 하나님의 성전을 위하여 드렸노니.

다윗 왕은 분명히 개인 재산으로 성전을 위한 재물을 드렸으면서도 내 것을 드린 것이 아니라 원래 하나님의 것을 하나님께 드린다고 말하고 있어.

다윗 왕의 시각으로 보면 돈에 대한 소유권은 자신에게 있지 않아. 자신이 비록 가지고는 있지만 실질적인 소유권은 자신이 아니라 하나님께 있다는 말이야.

성경의 다른 곳을 봐도 마찬가지야. 구약에 보면 신명기라는 책이 있어. 이스라엘 백성이 이집트에서 430년 동안 노예생활을 하다가 모세의 인도로 탈출하게 된다는 이야기는 이미 했지. 이때 이스라엘 백성은 하나님이 약속하신 가나안 땅으로 들어가게 돼. 지금의 이스라엘 땅이야.

신명기는 모세가 가나안 땅에 들어가기 직전에 마지막으로 다시 한 번 이스라엘 백성에게 당부하는 내용이야. 그중 신명기 8장에 보면 재물에 대한 경고의 말씀이 있어.

먼저 12절과 13절에 이런 말씀이 있어.

네가 먹어서 배부르고 아름다운 집을 짓고 거주하게 되며(12절).

또 네 소와 양이 번성하며 네 은금이 증식되며 네 소유가 다 풍부하게 될 때에(13절).

그동안 이스라엘 백성은 이집트에서 노예생활을 했잖아. 이집트에서 탈출한 다음에는 광야에서 오랫동안 생활했고. 그러나 이제 가나안 땅에 정착하면서 농사를 짓게 돼. 당연히 전보다 풍족하게 살게 되겠지. 이렇게 부유하게 될 때에 대한 경고의 말씀이야. 8장 17절 말씀이야.

그러나 네가 마음에 이르기를 내 능력과 내 손의 힘으로 내가 이 재물을 얻었다 말할 것이라.

지금 모세는 이스라엘 백성이 누리게 될 부와 풍요를 그들의 힘과 능력으로 얻었다고 생각하게 될 것을 경고하고 있어. 그냥 자신들이 노력해서 얻은 게 아니라는 거지.

그러면서 18절에서 이렇게 이야기해.

> 네 하나님 여호와를 기억하라. 그가 네게 재물 얻을 능력을 주셨음이라.

하나님을 기억하라는 거야. 이 모든 재물을 얻을 능력을 주신 분은 하나님이라는 것을 잊지 말라고 당부하고 있어.

신명기 말씀도 조금 전에 보았던 역대상 말씀과 같은 맥락이야. 내가 가진 재물은 단순히 내 것이 아니야. 내 주머니에 있는 돈, 내 통장에 있는 돈은 그냥 내 돈이 아니야. 이 돈의 실제 주인이 따로 있다는 거야. 소유권이 내게 있지 않다는 말이야. 이 돈의 실제 주인은 하나님이셔. 내 돈의 소유권은 하나님께 있어.

이 말이 좀 이상하게 들릴 수도 있지만 생각해 보면 당연한 거야. 이 세상을 창조하신 분이 누구야? 하나님이시잖아. 이 세상을 창조하신 하나님이 모든 소유권을 가지는 것은 당연한 일이야.

그래서 교회에서는 청지기라는 개념을 이야기해. 청지기는 다른 사람의 재산을 위탁받아서 관리하는 사람이야. 우리는 하나님의 청지기야.

모든 재물의 소유권은 하나님께 있어. 우리는 하나님의 재물을 관리하도록 위임받은 사람들이야.

그렇다면 돈을 사용할 때도 본래 주인이신 하나님의 뜻에 맞게 사용해야 해. 사치와 향락에 돈을 펑펑 쓰면서 "내 돈 내 마음대로 쓰는데 뭐 어때"라는 말은 통하지 않아.

그렇다고 자기를 위해서는 돈 한 푼 쓰지 말라는 말은 아니야. 우리는 하나님의 자녀야. 하나님은 자녀가 행복하기를 원하셔. 하나님이 주신 돈을 가지고 상식적인 선에서 맛난 것 먹고, 좋은 영화 보고, 여행 다니는 것을 즐기는 것은 결코 나쁜 일이 아니야.

다만 우리의 생각과 시선이 하나님의 생각과 시선에 맞는지 항상 생각해야 하는 거야.

구약성경에 보면 하나님의 시선이 항상 머무는 곳이 있어. 하나님이 특별히 돌보라고 강조하는 사람들이 있어. 고아와 과부야.

당시는 지금과 같이 사회 안전망이 잘 갖춰지지 않았어. 그러니 고아와 과부는 보호받을 울타리가 없는 사람들이야. 그 사회에서 가장 약한 사람들이지. 하나님의 관심은 바로 사회의 가장 약한 고리, 가장 약한 자들에게 있으서.

그렇다면 하나님의 재물을 관리하도록 위임받은 우리의 시선 역시 그들을 외면해서는 안돼. 항상 사회의 가장 약한 사람들을 살피는 일에 신경 써야 해. 그것이 하나님이 기뻐하시는 일이야.

헌금을 드리는 이유

이렇게 대략적으로 돈에 대한 이야기는 했고, 다시 처음 질문으로 돌아갈게. 그렇다면 헌금은 왜 드리는 거지? 왜 십일조를 드리는 거야?

먼저 한 가지 분명히 해야 할 것이 있어. 우리는 하나님의 청지기이지, 소작인이 아니야. 하나님께 헌금을 드리는 것은 소작인들처럼 주인의 것을 맡아 수입을 올린 다음 일정 부분을 소작료로 내고 나머지는 자신이 갖는 것이 아니야. 우리가 드리는 헌금은 소작료나 세금이 아니라는 거야.

헌금을 드리는 것은 일종의 신앙고백이야. 이미 앞에서 보았듯이 내가 가진 모든 것이 본래는 다 하나님의 것이고, 이것을 얻게 하신 분도 하나님이라는 것을 알았잖아. 그래서 하나님의 은혜에 감사하는 마음으로 헌금을 드리는 거야.

헌금을 드리는 것은 내 모든 것이 하나님의 것임을 인정한다는 신앙고백인 셈이지. 헌금을 이렇게 생각하지 않고 소작료나 세금처럼 생각하면 감사하는 마음으로 드릴 수 없어. 어떻게 하면 적게 드릴 수 있나 궁리만 하게 돼.

전에 라디오를 듣다가 이런 상담 내용을 들었어. 월급을 받아 십일조를 드릴 때 무엇을 기준으로 내야 하는지에 대한 질문이었어. 본봉을 기준으로 해야 하나? 실수령액을 기준으로 해야 하나?

예를 들어 월급이 200만 원이라고 했을 때 이것저것 떼고 나니 실제 손에 쥔 돈은 150만 원이었어. 그러면 이때 십일조를 20만 원을 해야 할까? 15만 원을 해야 할까? 뭐가 맞는 것 같아?

상관없어. 자기 신앙과 상황에 맞게 내면 되는 거야. 십일조를 마치 세금처럼 생각하니까 자기 신앙의 양심을 만족시키는 선에서 가장 적게 낼 방법을 고민하는 거지.

헌금은 세금이 아니야. 하나님이 베푸신 은혜에 대한 감사의 표시이고, 이 세상에서 내 힘으로 살지 않고 하나님이 주시는 힘으로 살겠다는 신앙고백이야.

또 헌금은 하나님과 거래하는 수단도 아니야. 내가 이만큼 헌금했으니 복을 내려 달라고 기원하는 것이 아니라는 말이야. 이건 무당에게 가서 돈을 주고 복을 비는 것과 다름 없어. 돈과 하나님의 복을 거래하는 거지.

그런데 한번 생각해 봐. 하나님은 돈이 필요한 분이신가? 우리가 헌금할 때 하나님께 드린다고 하잖아. 하지만 잘 생각해 보면 이게 좀 이상해. 헌금을 하나님께 드린다고 하는데 그 돈을 하나님이 쓰시나?

그렇지 않아. 우리가 헌금을 드리면 그 돈을 가지고 하나님이 음식을 사 드시거나, 옷을 사 입으시는 게 아니야. 하나님께 헌금을 드린다고 하지만 결국 그 헌금은 다 우리를 위해 사용돼.

교회를 섬기는 분들의 사례금으로 쓰이고, 예배하고 활동하기 위한 건물을 유지하는 비용으로 쓰이고, 어린 학생들 교육하는 일에 쓰이고, 구제하는 곳에 쓰여.

헌금은 세금이나 복비가 아니야. 성도들이 감사와 신앙고백으로 하나님께 드리는 거지.

이런 면에서 헌금을 제대로 하는 것이 중요해. 액수의 문제가 아니라 마음의 문제이기 때문이야. 현대인들에게 돈이 얼마나 소중한 가치야? 돈 때문에 부모도 죽이고, 자식도 버리는 일들이 벌어지고 있잖아.

돈을 마치 신처럼 섬기는 오늘날 자본주의 사회에서 돈을 의지하지 않고 하나님을 의지하며 살겠다는 신앙의 결단이 우리에게 필요해. 이것을 행동으로 보이는 방법이 바로 헌금이고.

교회는 이렇게 신앙고백으로 드린 헌금을 제대로 사용해야 해. 개인이 돈을 사용할 때 보았듯이 하나님의 뜻대로, 하나님의 시선이 머무는 곳에 사용할 책임이 교회에 있어.

조금 낯설겠지만 헌금도 신앙생활의 중요한 요소 중의 하나야. 하나님께 드리는 헌금을 통해 돈을 제일로 여기는 물질만능주의 사회에서 다른 가치가 있다는 것을 보여 주는 거니까.

처음에는 조금 부담스럽겠지만, 헌금을 드리는 의미를 잘 알고 자기 신앙고백을 담아 헌금할 수 있기를 바란다.

우리는 하나님의 청지기야.
헌금을 드리는 것은 내 모든 것이 하나님의 소유임을 인정하는 신앙고백이야.

8장
기독교인은 어떤 사람이야?

열매로 안다

믿음이 좋다는 것은 뭘까? 교회에 다니다 보면 "누구누구는 믿음이 좋다" "누구누구는 교회 다닌 지는 오래되었는데 믿음이 별로야"라는 말을 듣곤 해.

그렇다면 믿음이 좋다는 것은 뭘까?

사실 이건 다른 사람이 함부로 할 수 있는 이야기는 아니야. 믿음의 문제는 하나님과 그 사람의 개인적인 문제이기 때문이지. 그러기에 믿음에 대해 이야기할 때 이것이 다른 사람을 판단하는 수단이 되어서는 안돼.

나는 정말 믿음이 좋은가? 내 신앙생활은 건강한가를 생각해 봐야 하는 거야.

그래도 판단하는 기준은 있어야지. 다행히 예수님이 중요한 기준을 말씀해 주셨어. 마태복음 7장 20절에 보면 이런 말씀이 있어.

그들의 열매로 그들을 알리라.

무슨 말일까? 혹시 열매가 달리지 않았을 때 사과나무와 배나무를 구분할 수 있어? 도시에서 자란 사람은 나무나 잎만 봐서는 구분하기가 힘들어. 하지만 사과나무와 배나무를 본 적이 없는 사람이라도 쉽게 구분할 수 있는 때가 있어. 열매가 달려 있을 때지. 사과가 열렸으면 사과나무, 배가 열렸으면 배나무. 참 쉽지.

이와 마찬가지라는 거야. 우리가 사람의 속을 들여다볼 수는 없어. 그러니 그 사람의 믿음이 좋은 것은 밖으로 드러나는 열매를 통해 알 수 있다는 말이야.

그러면 겉으로 드러나는 어떤 모습을 통해서일까? 주일에 빠지지 않고 예배 잘 드리고, 헌금 많이 하고, 성경공부 열심히 하는 모습을 말하는 걸까?

물론 이런 사람의 믿음이 좋을 확률이 높아. 하지만 열매로 안다는 말은 겉으로 보이는 종교행위를 가리키는 것이 아니야.

방금 이야기한 마태복음 7장에는 참 불쌍한 사람들이 나와. 이 사람들은 예수님을 주님, 주님 부르며 다녔어. 뿐만 아니라 예수님의 이름으로 말씀을 가르치고, 귀신도 쫓고, 여러 가지 놀라운 일들을 했어.

그런데 문제는 예수님은 이 사람들을 모른다고 하시는 거야. 오히려 "불법을 행하는 자들아, 내게서 떠나가라"고 말씀하셨어.

겉으로 드러나는 종교행위가 그 사람의 신앙을 보증하지 않는다는 말이야. 예수님이 열매로 안다고 하셨을 때 이 열매는 교회 안에서 이루어지는 종교행위를 말하는 것이 아니야. 그럼 뭘까?

삶의 열매를 말하는 거야. 인격의 열매, 성품의 열매를 이야기하는 거야. 신약성경 갈라디아서 5장에 보면 이 열매를 이렇게 이야기해.

> 오직 성령의 열매는 사랑과 희락과 화평과 오래 참음과 자비와 양선과 충성과 온유와 절제니 이 같은 것을 금지할 법이 없느니라(22-23절).

성령의 열매는 예배와 말씀과 기도와 헌금과 봉사라고 말하지 않아. 삶에서 드러나는 성품을 이야기하고 있어.

기독교인은 단순히 교회에서 종교생활을 하는 사람이 아니야. 우리가 하는 종교행위는 형식적인 의무사항이 아니야. 정말로 예수님을 믿는 사람이라면 예배를 통해, 말씀을 통해, 기도를 통해 인격이 바뀌어야 해. 삶에서 드러나는 성품의 열매를 맺어야 해. 하나님을 따라 사는 사람, 예수님을 닮은 사람이 되어야 하는 거야.

예수님을 닮기 위해 우리가 맺어야 하는 삶의 열매에 대해 성경은 여러 가지를 이야기해. 방금 본 성령의 아홉 가지 열매가 대표적이야.

그런데 아홉 개는 너무 많잖아. 그래서 삶에서 보여야 하는 열매를 추리고 추려서 딱 두 가지만 이야기할게.

온유와 겸손이야.

이건 그냥 내 마음대로 뽑은 덕목이 아니야. 예수님이 직접 말씀하신 자신의 성품이야. 마태복음 11장 29절에서 예수님은 이렇게 말씀하셔.

나는 마음이 온유하고 겸손하니.

우리가 예수님을 닮아야 한다면 예수님의 성품을 살펴보는 게 가장 좋겠지.

기독교인은 어떤 사람이 되어야 할까? 온유하고 겸손한 사람이 되어야 해.

온유

그럼 이제 하나씩 보자. 먼저 온유야. 온유라는 것이 뭘까? 온유라고 하면 떠오르는 이미지가 있어. 부드러운 성격을 가진 사람을 떠올리게 되지. 말도 조용조용히 하고 얼굴에 항상 잔잔한 미소를 띠고 있는 사람.

물론 이런 사람이 온유한 사람이지. 그런데 단순히 온유를 이렇게만 생각하면 어려운 점이 있어. 성경에 나오는 예수님의 모습은 때로 상당히 과격해 보이거든.

예수님이 예루살렘 성전에 가셨을 때 일이야. 성전에서 장사하는 사람들이 많았어. 예수님은 이 모습을 보시고 성전에서 매매하는 자들을 다 쫓아내셔. 심지어 노끈으로 채찍을 만들어 양과

소를 다 쫓아내시고 돈 바꾸는 사람들의 돈을 쏟고 상을 엎으시기까지 했어.

우리가 온유하다고 생각할 때 떠올리는 이미지와 전혀 다른 모습이지. 온유하다는 것은 단순히 성격이 좋다거나 화를 내지 않는 게 아니야. 물론 대부분의 경우에는 그런 모양으로 나타나지만 더 근본적인 모습이 있어.

온유라는 말은 신약성경이 쓰인 헬라어로는 '프라우스'라는 말이야. 이 말은 길들여진 짐승을 묘사하는 데 사용되었어.

로데오 경기를 한번 생각해 봐. 로데오는 길들여지지 않은 말을 타는 경기잖아. 말 위에 사람이 타면 말은 날뛰면서 앞뒤로 몸을 흔들고 앞발과 뒷발을 높이 들었다 놨다 해. 웬만한 사람들은 단 1초도 견디지 못해. 로데오 선수들도 1분 이상 타기가 쉽지 않아.

그런데 그런 말이 길들여지면 어린아이들도 탈 수 있을 정도로 순해지는 것을 볼 수 있어. 온유하다는 것은 바로 이런 의미야. 길들여지는 거야. 그럼 누구에게 길들여지는 걸까? 하나님께 길들여지는 거야.

온유라는 것은 단순히 사람과의 관계 문제가 아니라 하나님과의 관계 문제야. 온유한 사람은 하나님께 길들여져 있는 사람이야. 자신의 모든 삶이 하나님의 주관 아래 있다는 사실을 인정하는 사람이지. 그러기에 때로 자신에게 부당하다고 여겨지는 현실 앞에서 하나님의 뜻이라면 화를 누르고 순종할 수 있는 거야.

나를 힘들게 하는 다른 사람들 역시 하나님의 주관 아래 있다는 것을 인정하기에 화를 내지 않고 부드럽게 대할 수 있는 거고.

모든 것이 하나님의 뜻대로 되어야 한다는 것을 알기에 잘못된 세상에 대해서는 정당한 분노를 낼 수도 있어. 하지만 이것 역시 자신의 감정을 주체하지 못하는 분노가 아니야. 잘못된 현실을 보고서 아파하며 그것을 고치고자 노력하는 분노지.

이런 면에서 온유는 단순히 성격이나 기질의 문제가 아니야. 기질적으로 원래 화를 못 내고 부드러운 사람들이 있어. 소위 사람 좋다는 말을 듣는 사람들.

반면에 평소 성격이 좀 급하고 불같이 성을 내는 사람도 있고.

성격이나 기질로 이야기하면 많은 사람들이 이것은 고치기 힘들다고 이야기해. 성격이나 기질은 타고난 것이기에 그걸 그냥 그대로 인정해야 한다고 말해. 물론 이 말도 어느 정도는 일리가 있어. 그런데 성경에 보면 성격도 바뀌는 걸.

예수님의 제자 중 요한이라는 사람이 있어. 이 사람이 쓴 성경을 요한서신이라고 불러. 요한서신을 읽다 보면 사랑을 강조하는 요한의 이야기를 들을 수 있어.

> 자녀들아, 우리가 말과 혀로만 사랑하지 말고 행함과 진실함으로 하자 (요일 3:18).
> 사랑하는 자들아, 우리가 서로 사랑하자. 사랑은 하나님께 속한 것이니(요일 4:7).

이 말씀을 읽노라면 온화한 노사도의 음성을 듣는 듯해.

그런데 요한이 젊었을 때의 별명이 있어. 예수님이 직접 붙여주신 별명이야. 우레의 아들. 얼마나 성격이 급하고 불같았으면 예수님이 그 별명을 천둥의 아들이라고 붙였겠어?

이랬던 요한이 바뀌었어. 길들여졌기 때문이야. 하나님 안에서 예수님을 통해 길들여졌어. 자기 성질대로 사는 것이 아니라 하나님의 섭리에 순종하며 사는 것을 배운 거야.

결국 천둥의 아들이 사랑의 사도가 되었지.

온유라는 것은 단순히 성격이나 기질의 문제가 아니야. 바뀔 수 있어. 아니 바뀌어야 해. 예수님이 자신을 온유하다고 하셨기에 우리는 예수님을 따라 온유한 자가 되어야 하는 거야.

사람 앞이 아니라 언제나 하나님 앞에 있다는 사실을 기억하고 내 성질대로 사는 것이 아니라 하나님의 뜻을 살피며 살아야 해. 그럴 때 우리는 분노의 사람, 천둥의 아들이 아니라 온유의 사람, 사랑의 사람이 될 수 있어.

겸손

다음은 겸손이야. 겸손이라는 말도 우리가 일상에서 참 많이 사용하는 말이지. 겸손이라고 하면 쉽게 자신을 낮추는 것이라고 생각해. 사실 우리는 이런 문화에 익숙해.

잔칫상을 거하게 차려 놓고도 하는 말이 뭐지?

"별로 차린 것이 별로 없어서."

잘 지은 새집에 초대해 놓고는 "집이 누추해서"라고 말하기도 하고.

우리는 자신을 낮춰 말하는 것이 익숙한 문화에서 살고 있어.

이렇게 말하는 것은 익숙한 문화적인 표현이지 겸손의 표현은 아니야. 겸손은 단순히 다른 사람들에게 자신을 낮춰서 표현하는 것이 아니야.

온유에 대해 이야기하면서 온유가 단순히 다른 사람과의 관계 이전에 하나님과의 관계 문제라고 이야기했어. 겸손도 마찬가지야. 겸손도 하나님과의 관계가 먼저야.

가끔 정말 교만해도 이해할 만한, 정말 잘난 사람들을 볼 수 있어. 흔히 쓰는 말로 하면 엄친아, 엄친딸이지.

집안 배경도 좋고 외모도 출중한 데다 능력도 좋아 사람들에게 인정받아. 여기에 성격까지 좋다면 어떨까? 정말 여러 면에서 완벽한 사람이지.

이런 사람들이 어떻게 겸손할 수 있을까? 정말 가진 것이 많고, 남들이 보기에 다 부러워할 만한 상황이잖아. 그런데도 스스로를 못났다고 마인드 컨트롤하면서 자신의 부족한 점을 어떻게든지 찾아내야 하나? 그렇지 않아. 현실을 부정하면서 억지로 못난 척할 필요는 없어.

다만 한 가지 기억해야 할 것이 있어. 자신이 가진 것이 다 하나님이 주신 거라는 사실이야. 지금 누리고 있는 것들이 자신이 잘

나서 얻은 것이 아니라 하나님이 주신 선물이라는 사실을 알아야 하는 거야. 돈에 대한 이야기를 할 때와 좀 비슷하지?

우리가 어떻게 겸손할 수 있을까? 다른 사람과 비교해서 내가 가진 게 없어서 겸손한 것이 아니야. 어떤 상황이라도 중요한 것은 내가 가진 모든 것이 하나님에게서 왔다는 사실을 인정하는 거야.

  이것을 인정하는 사람은 결코 교만할 수 없어. 남의 것을 가지고 자랑하는 사람은 미련한 사람이지. 하나님의 것을 가지고 자기 것인양 교만해서는 안되는 거야.

  결국 우리는 하나님 앞에서 자신을 바라볼 때 겸손할 수 있어. 겸손 역시 하나님과의 바른 관계가 먼저야.

  이렇게 겸손한 사람은 그냥 말로만 자신을 낮추는 것으로 끝나지 않아. 자신을 낮추는 것에는 이유가 있어.

  낮아짐의 최고봉을 이야기하면 예수님이지. 예수님은 하나님이셔. 권능과 영광과 위엄과 존귀를 받기 합당하신 창조주 하나님.

  그런데 이 하나님이 낮아지셨어. 사람들과 같이 되셨고, 죽기까지 복종하셨어. 끝내 십자가의 형벌을 받는 죄인 중의 가장 악한 죄인의 자리까지 낮아지셨지.

왜 예수님이 이렇게 낮아지셨을까? 이 낮아짐을 통해 예수님의 인격이 얼마나 훌륭한지 보이기 위해서일까? 그렇지 않지.

하나님이신 예수님이 인간으로 낮아지신 이유는 오직 한 가지, 사람들을 섬기기 위해서야. 이 섬김은 심지어 자기 목숨까지 내놓는 섬김이었어.

그렇다면 우리도 마찬가지이지. 어떤 사람이 겸손한 사람일까? 그냥 말로만 자신을 낮추는 사람이 아니라는 거야. 자신이 낮아졌다면 다른 사람을 섬겨야 해. 겸손이 자신을 위한 덕이 아니라 다른 사람을 위한 섬김으로 나타날 때 비로소 의미가 있는 거야.

그래서 겸손은 좀 더 적극적인 모습으로 나타나야 해. 자신을 낮추는 것을 넘어 다른 사람을 높이 세워 줘야 해.

신약성경 빌립보서 2장 3절에 보면 이렇게 나와 있어.

오직 겸손한 마음으로 각각 자기보다 남을 낫게 여기고.

여기에 보면 겸손한 마음으로 자신을 낮추는 것을 넘어 다른 사람을 낮게 여기라고 말하고 있어. 다른 사람을 높이 세워 주라는 거야.

겸손하다는 것은 단순히 자신을 낮추는 것이 아니라 적극적으로 다른 사람을 세워 주고 높이는 일이야.

우리의 행동을 통해, 우리의 입에서 나오는 말을 통해 다른 사람들을 세워 주어야 해. 다른 사람들을 칭찬하고 높여 줘야 해. 그럴 때 나의 겸손을 통해 그냥 나 하나 좋은 사람이 되는 것이 아니라 다른 사람을 위로하고 격려할 수 있어.

이렇게 하는 사람이 정말로 겸손한 사람이야.

기왕에 예수님을 믿기 시작한 거 정말 믿음이 좋은 사람이 되면 좋겠어. 단순히 교회에서 종교행위를 열심히 하는 사람이 아니라 매일매일 삶 속에서 예수님을 닮은 열매를 맺기를 같이 소망해 보자!

기독교인은 단순히 교회에서 종교생활을 하는 사람이 아니야.
하나님을 따라 사는 사람, 예수님을 닮은 사람이 되어야 해.

9장
기독교인은 세상에서 어떻게 살아야 해?

이같이 너희 빛이 사람 앞에 비치게 하여
그들로 너희 착한 행실을 보고 하늘에 계신 너희 아버지께
영광을 돌리게 하라.

_ 마태복음 5:16

어느 인터넷 커뮤니티에서 한 남자의 고민을 본 적이 있어. 소개팅을 통해 한 여자를 만났나 봐. 그런데 너무 마음에 드는 거야. 처음 만나 한참을 이야기해도 전혀 어색하지 않고 편하게 대화할 수 있고.

그러다 밤에 집에 와서 서로 카톡을 하다가 이 소개팅녀가 교회에 아주 열심이라는 사실을 알게 되었어. 다 마음에 드는데 여자가 교회에 다니는 것이 계속 마음에 걸려 고민 글을 올렸어.

댓글을 보는데 대부분 당장 헤어지라는 거야. 그 여자에게 다른 문제가 있기 때문이 아니야. 교회에 열심히 다닌다는 것이 문제였어. 개독교인들은 답이 없다면서, 진지하게 사귀기 전에 알게 되어서 다행이라는 식의 반응이 대다수였어.

요즈음 보면 교회가 사회에서 욕을 많이 먹고 있어. 참 속상하지.

그런데 기독교 역사를 보면 이 땅에 교회가 처음 시작될 때도 세상에서 욕을 많이 먹었어. 이때를 초대교회라고 한다고 했지? 초대교회 때는 욕을 먹는 것을 넘어 핍박을 받았고, 심지어 예수님을 믿는다는 이유로 죽임을 당했어.

초대교회 때나 지금이나 교회가 욕을 먹는 것은 차이가 없어.

그런데 여기서 중요한 것이 하나 있어. 그 이유는 완전히 다르다는 거야.

초대교회 때는 교회가 왜 욕을 먹고 핍박을 받았냐면 달랐기 때문이야. 교회가 세상과 달랐기 때문에 욕을 먹었어. 왜 너희는 우리와 다르게 사냐고 핍박했어.

하지만 오늘날은 반대야. 왜 교회가 세상과 다르지 않냐고 욕을 먹고 있지. 왜 교회가 세상과 다를 바가 없냐고, 아니 교회 다니는 사람들이 더하다고 욕을 먹고 있어.

세상에 있지만 세상에 속하지 않은

그렇다면 교회 다니는 사람들은 세상에서 어떻게 살아야 할까? 마지막으로 이 문제를 이야기해 보려고 해. 처음 교회에 다니는 사람에게 좀 무거운 이야기일 수 있어. 하지만 이 이야기를 피해 간다면 반쪽짜리 신앙인으로 그칠 수 있어. 그래서 한번 이야기해 볼게.

기독교인이 세상에서 어떻게 살아야 하는지에 대한 이야기 역시 성경에 많이 있어. 그런데 예수님은 우리가 이해하기 쉽게 비유로 말씀해 주셨어.

신약성경 마태복음 5장 13절부터 16절까지 보면 이런 말씀이 있어.

> 너희는 세상의 소금이니 소금이 만일 그 맛을 잃으면 무엇으로 짜게 하리요? 후에는 아무 쓸데없어 다만 밖에 버려져 사람에게 밟힐 뿐이니라(13절).
> 너희는 세상의 빛이라. 산 위에 있는 동네가 숨겨지지 못할 것이요(14절). 사람이 등불을 켜서 말 아래에 두지 아니하고 등경 위에 두나니 이러므로 집 안 모든 사람에게 비치느니라(15절).
> 이같이 너희 빛이 사람 앞에 비치게 하여 그들로 너희 착한 행실을 보고 하늘에 계신 너희 아버지께 영광을 돌리게 하라(16절).

많이 들어서 아는 이야기일 거야. 소금과 빛이라는 거지. 이 비유가 의미하는 것을 찬찬히 살펴볼게.

우선 좀 확실하게 짚고 넘어갈 게 있어. 다음 중 무엇이 맞는지 생각해 봐.

⑴ 너희는 세상의 소금이다. 세상의 빛이다.

⑵ 너희는 세상의 소금이 되어야 한다. 세상의 빛이 되어야 한다.

1번과 2번 중에 어떤 것이 맞아? 흔히 '세상의 소금이 되어야 합니다!' '세상의 빛이 되어야 합니다!' 이런 식으로 이야기를 해.

하지만 잘 보면 성경은 그렇게 말하지 않아. '되어야 한다'가 아니라 '이다'라고 말해. 소금과 빛이 되어야 하는 것이 아니라 이미 소금과 빛이라는 이야기야.

소금과 빛이 되는 것은 선택사항이 아니야. 하나님은 이미 우리를 소금과 빛으로 부르셨어. 우리에게 남은 것은 이 역할을 잘 감당하느냐 못하느냐지.

또 한 가지 짚고 넘어갈 게 있어. 기독교인이 소금과 빛이라고 할 때 어디에 그렇다는 걸까?

성경은 '세상'의 소금과 빛이라고 말하고 있어. 당연한 이야기이지만 기독교인 역시 세상에서 살고 있어. 세상과 동떨어져 우리끼리만 살 수 없다는 말이야. 현실적으로도 불가능하지만, 가능하더라도 그렇게 살아서는 안돼. 예수님은 분명히 세상의 소금과 세상의 빛이라고 하셨어.

 기독교인은 세상에서 빛과 소금의 역할을 감당해야 해. 그렇다고 기독교인이 세상에 속한 사람이라는 뜻은 아니야. 기독교인은 세상에 있지만 세상에 속하지 않은 사람들, 세상의 가치관과는 다른 가치관을 가진 사람들이야.

 그러기에 세상과 충돌이 생기고 갈등이 있지. 초대교회가 이랬어. 이런 충돌과 갈등은 당연한 거야.

 아침에 자는 사람을 깨울 때 아주 효과적인 방법 중 하나가 환하게 불을 켜는 거야. 깜깜한 방에 있다가 갑자기 환한 빛이 눈에 들어오면 적응이 안되어 눈을 찌푸리게 돼. 이와 마찬가지라는 거야.

 세상에서 소금과 빛으로 사는 것은 결코 쉬운 일이 아니야. 남들과 다르게 사는 것은 용기가 필요한 일이야.

 그래서 어떤 사람들은 소금과 빛의 역할을 하지 못하고 그냥 세상이 사는 방식대로 살기도 해. 세상에 영향을 주어야 하는데 오히려 세상의 영향을 받고 살지. 이건 아니라는 거지.

 생선구이와 회를 한번 생각해 봐. 생선구이를 하기 위해 시장에서 생선을 사면 깨끗이 손질해서 소금을 뿌려 주지. 구울 때도 맛을 내기 위해 소금을 뿌리고. 이렇게 해서 먹으면 짭짤하니 간이 잘 배어 맛있게 먹을 수 있어.

그런데 회는 어때? 바다에서 갓 잡은 생선을 회로 떠서 먹는다고 생각해 봐. 아무것도 없이 회만 먹으면 맛이 어때? 짭짤하나? 그렇지 않아.

이게 좀 이상하지 않아? 바닷물은 짜잖아. 그러면 짠 바닷물 속에 있는 생선도 짜야 하는 거 아니야? 그런데 회는 짜지 않아.

차이가 뭘까? 생선구이와 회는 왜 맛의 차이가 날까?

죽은 것과 산 것의 차이야.

생선구이는 이미 죽은 생선 위에 소금을 뿌려. 하지만 짠 바닷물 속을 헤엄쳐 다니는 생선은 살아 있어. 살아 있는 생선은 아무리 바닷물이 짜더라도 짠맛을 내지 않아.

세상의 소금과 빛이라고 할 때 우리는 짠맛에 영향을 받는 죽은 생선이 아니야. 짠 바닷물 속을 유유하게 헤엄쳐 다니는 살아 있는 물고기지.

세상의 영향을 받고 세상의 가치관대로 사는 사람이 아니라 세상 속에서 자기 신앙의 정체성을 가지고 유유히 살아가는 사람이야.

세상의 소금

그렇다면 세상의 소금과 빛으로 산다는 것은 어떤 의미일까?

이건 어렵지 않을 거야. 비유라는 것은 사람들이 알 만한 것으로 쉽게 설명하는 거니까.

먼저 소금의 역할은 뭐지? 가장 먼저 생각할 수 있는 것이 부패 방지야.

부패지수라는 것이 있어. 베를린에 본부를 둔 반부패 운동단체인 '국제투명성기구'에서 해마다 각 나라가 얼마나 청렴한지, 얼마나 부패한지를 수치로 발표해. 순위가 높을수록 청렴한 거고, 순위가 낮을수록 부패한 거야.

2016년 1월에 발표한 결과를 보면 우리나라는 전체 168개국 중에 37위를 차지했어. OECD 가입 34개국 중에는 27위였어. OECD 국가 중에서는 최하위 수준이라는 거지.

점수를 보면 100점 만점에 56점이야. 1등을 한 덴마크는 91점이니 차이가 많이 나지. 우리 옆 나라 일본은 75점으로 18위였어.

70점대면 '사회가 전반적으로 투명한 상태'라고 이야기하고, 50점대는 '절대 부패에서 벗어난 정도'라고 해.

경제적으로 보면 우리나라는 절대 빈곤을 벗어난 지 한참 되어 이제 선진국으로 가는 길목이라고 이야기하지만 부패 정도는 이제 절대 부패에서 겨우 벗어난 수준이라는 거야. 부끄러운 모습이지.

이런 수치를 들먹이지 않아도 우리나라가 부패했다는 이야기는 수도 없이 들어. 사회가 얼마나 악해져 가고 있는지도 매일같이 뉴스를 통해 확인하고 있고.

이런 사회에서 우리 기독교인은 부패를 막는 소금의 역할을 해야 한다는 거야. 아무리 세상이 속이고 뇌물을 주고받으면서 관행이라고 이야기해도 '아니'라고 말할 수 있는 용기가 있어야 한다는 거지. 거짓이 판치는 세상에서 정직하게 살아야 한다는 말이야.

나 하나 정직하게 산다고 해서 세상이 얼마나 바뀌겠나 생각할 수 있어. 사실 어느 정도는 맞는 말이야. 거대한 세상 앞에 한 개인은 초라해 보일 때가 많으니까.

하지만 적어도 방화벽은 될 수 있어. 방화벽 알지? 불이 더 이상 번지지 못하게 막는 벽. 적어도 내가 있는 그 자리에서 더 이상 부패와 불법이 번지지 못하게 막는 방화벽 역할을 해야 해.

또 소금은 어떤 역할을 할까? 성경에 보면 이런 재미난 말도 있어. 구약성경에 있는 욥기라는 책 6장 6절에 있는 말씀이야.

싱거운 것이 소금 없이 먹히겠느냐? 닭의 알 흰자위가 맛이 있겠느냐?

음식은 간이 되어 있어야 맛있어. 간이 되어 있다는 말은 결국 짠맛이야. 사람이 음식을 맛있다고 하는 것은 이 짠맛을 느끼는 거라고 하더라고.

기독교인은 세상에 맛을 주는 사람이야. 살맛 없는 세상에 살맛을 주는 사람이 바로 우리야.

그런데 요즈음은 교회 다니는 사람들이 정반대의 소리를 많이 듣고 있어. 기독교인들 때문에 좋고 행복하다는 이야기보다 짜증나고 싫다는 소리를 많이 들어.

그런 의미에서 우리가 짠 소금이라고 했을 때 어떤 사람이 되어야 할지 좀 더 고민해야 하는 것 같아.

기독교인은 사해가 아니라 바다와 같은 사람이 되어야 한다고 생각해. 사해 알지? 이스라엘에 있는 죽은 바다. 너무 염도가 높아서 생물이 살 수 없는 바다. 사해는 짜다 못해 생물이 살 수 없는 지경에 이르렀어.

하지만 바다는 달라. 바다도 짜지만 이 짠 바다에서는 수많은 생물이 풍성하게 살아가고 있어.

교회는 사해가 되어서는 안돼. 세상에 대한 이해나 다른 사람에 대한 배려 없이 나만 옳다고 주장하는 독불장군이 되어 주변 사람들을 질식하게 만들어서는 안된다는 거야.

교회는 바다가 되어야 해. 세상의 모든 사람을 넉넉하게 받아주는 바다. 하지만 여전히 짠맛을 잃지 않고 세상의 더러움을 깨끗하게 정화시키는 바다.

그럴 때 세상은 교회 때문에 좀 더 행복해지고, 좀 더 나은 세상으로 바뀔 수 있을 거야.

세상의 빛

다음은 빛이야. 빛은 어떤 역할을 할까? 우선 생각해 봐야 할 게 있어. 빛은 밤에 자신이 어디에 있는지를 보여 줘. 자전거를 생각하면 돼. 최근에 자전거 타기를 취미로 하는 사람들이 많이 있어. 밤에 자전거를 탈 때는 자전거 앞에 다는 전조등과 뒤에 다는 후

미등이 반드시 있어야 해.

물론 전조등은 앞을 밝히는 역할을 하지. 하지만 또 다른 중요한 역할이 있어. 다른 사람에게 내가 여기 있다는 것을 알리는 거야. 전조등은 내 앞에 오는 사람들에게, 후미등은 내 뒤에 따라오는 사람들에게 내 존재를 알려서 사고를 막아 줘.

교회는 이런 곳이야. 어두운 세상에 빛이 있다는 것을 세상 사람들에게 알려 주는 곳이야. 다들 어디로 가는지도 모른 채 한쪽 방향으로 정신없이 달려가고 있을 때 다르게 사는 사람들도 있다는 것을 보여 주는 곳이야.

세상의 가치와는 다른 가치, 세상의 방법과는 다른 방법으로 살 수 있다는 것을 보여 주는 곳이 바로 교회야.

빛의 또 다른 역할도 있어. 누구나 아는 역할. 어두운 곳을 밝게 비추는 역할이야. 세상이 점점 악해진다고 할 때 이 악한 세상을 밝게 비추는 곳이 바로 교회야.

그럼 교회는 어떻게 이런 역할을 감당할 수 있을까? 이 어두운 세상에 어떻게 빛을 비출 수 있을까? 성경은 아주 단순하게 이야기해. 아까 봤던 마태복음 5장 16절을 다시 볼게.

이같이 너희 빛이 사람 앞에 비치게 하여 그들로 너희 착한 행실을 보고 하늘에 계신 너희 아버지께 영광을 돌리게 하라.

빛을 사람 앞에 비추는 것은 무엇일까? 세상에 교회의 착한 행실을 보이는 거야. 아주 간단하게 말하면 착하게 사는 거야. 교회 다니는 사람은 착하게 살아야 해. 그래야 세상의 빛이 될 수 있어.

이 말이 좀 유치하게 들릴 수 있어. 어두운 세상에 빛을 비추는 것은 정말 엄청난 일이라는 생각이 있으니까. 대대적인 캠페인을 하고, 사회를 바꾸기 위한 여러 가지 사회 운동을 해야 할 것 같아.

물론 교회가 이런 운동을 하는 것은 좋아. 하지만 이런 것을 하기 전에 아주 근본적인 모습이 필요해. 교회 다니는 사람들은 착한 사람이 되어야 해. 주변 사람들에게 착한 사람이라는 말을 들어야 해.

요즈음은 착하다는 말이 별로 긍정적으로 들리지 않는 세상이 되었어. 착하다고 하면 좀 어리숙하고 모자란 사람 같은 이미지가 있어.

왜 그럴까? 착한 사람은 손해 본다는 생각이 있기 때문이야.

좀 영악하게 살아야 세상에서 손해 보지 않고 실속을 챙길 수 있다고 생각하지.

맞아. 착하게 살면 좀 손해 볼지도 몰라. 그런데 교회는 손해를 봐야 해. 세상에서 소금으로, 빛으로 살아가려면 손해 보는 일이 생길 수밖에 없어.

초를 한번 생각해 봐. 초는 어떻게 빛을 내지? 자기 몸을 조금씩 녹이면서 빛을 내. 소금도 마찬가지야. 소금이 국에 들어가서 녹지 않고 그대로 있으면 아무런 맛을 낼 수 없어. 자신이 녹아야 맛을 내는 거야.

이런 자기 손해가 있을 때 교회가 소금과 빛의 역할을 감당할 수 있어.

생각해 봐. 우리는 누군가의 엄청난 손해 때문에 은혜를 받은 사람이야.

누구의 손해야? 하나님의 손해야.

하나님은 우리를 구원하시기 위해 우리가 상상할 수도 없는 손해를 감수하셨어. 사랑하는 유일한 아들을 십자가에서 죽게 한 손해야. 이 손해로 우리는 죄를 용서받았고, 하나님의 자녀가 되었어.

이런 우리에게 하나님은 세상에서 손해 보며 살 것을 요구하셔. 우리가 이렇게 손해 보면서 착하게 살 때 세상 사람들은 이런 우리의 모습을 보고 하나님께 영광을 돌린다고 성경은 이야기하고 있어.

우리 손해 좀 보고 살자. 영악하게 자기 이익만 챙기지 말고 착하게 살자. 우리라도 이렇게 살아야 세상이 그래도 조금은 나아질 수 있어.

어릴 때 교회에서 여름 수련회 갔을 때 기억이 난다. 그때는 밖에다 텐트를 치고 잠을 자고, 저녁 집회는 그냥 밖에 자리를 깔고 가스등을 켜고 했어.

그때 문득 하늘을 보았던 기억이 나. 하늘을 보는데 별이 셀 수 없이 많았어. 사실 요즈음은 하늘을 보면 별을 셀 수 있잖아. 몇 개 보이지 않으니.

하지만 그때는 정말 쏟아질 것같이 많은 별을 봤어. 태어나서 처음으로 은하수도 봤지. 깜깜한 밤하늘에 별이 있는 것이 아니라 별 사이로 깜깜한 하늘이 보이는 것 같았어. 그 하늘에 정신이 팔려 설교도 제대로 듣지 못하고 멍하니 하늘만 쳐다보았지.

우리 사회가 이러면 얼마나 좋을까? 도시의 밤, 여기저기 보이는 네온사인 십자가의 빛이 아니라 어두운 세상을 비추는 착한 행실의 빛. 천만 그리스도인이라고 하는데 이 사람들이 저마다 착한 행실로 빛을 비춰 어디가 빛이고 어디가 어두움인지 구별할 수 없는 사회.

그런 사회가 되면 정말 좋겠다.

하나님은 우리에게 세상에서 손해 보며 살라고 요구하셔.
우리가 이렇게 살 때 세상이 우리의 모습을 보고 하나님께 영광을 돌린대.

나오는 말

와, 이 책을 끝까지 다 읽느라고 정말 수고했어. 짝짝짝!

읽느라고 고생은 했지만 앞으로 교회생활 하는데 이 책이 꽤 도움이 될 거야.

물어보고 싶은 게 있어. 교회생활 하는 거 어때? 다닐 만해?

재밌고 좋은 부분도 있겠지만 아직 많이 낯설고 어색할 거야. 예배드리는 것도 좀 이상할 테고, 교회 사람들과 함께하는 것도 아직은 데면데면할 수 있고.

너무 걱정하지 마. 낯설고, 어색하고, 좀 이상한 것이 지극히 정상이니까.

내 얘기를 하나 해줄게. 나와 아내는 연애 기간이 짧아. 아는 분의 소개로 만나서 짧은 연애 기간을 갖고 바로 결혼했어. 결혼하자 사람들이 처음에 많이 물어 보는 질문이 있었어.

"결혼하니까 좋아?"

뭘 이런 걸 다 물어보는지 모르겠지만 이 질문을 많이 받았어. 내가 결혼하는 것을 싫어하는 것처럼 보였나? 사실 이런 질문에는 지체 없이 무조건 좋다고 대답하는 것이 좋아. 그게 가정의 평화를 지키는 길이지.

그런데 나는 이렇게 대답했어.

"너무 좋은데 좀 불편하네."

결혼하니까 정말 좋았어. 연애할 때는 데이트하다가 헤어지는 시간이 너무 아쉬웠거든. 이제 같은 집에 사니 그럴 필요가 없잖아. 좋아하는 사람과 같이 사는 것은 정말 행복한 일이야.

하지만 같이 사는 것은 여러 가지로 불편했어. 이 말을 오해하면 안돼. 아내가 불편했다는 말이 아니야. 수십 년 동안 전혀 다른 환경에서 살던 두 사람이 함께 살게 되니까 여러 가지 생활방식의 차이가 나타나는 거야. 뭐 엄청난 것은 아니야. 그냥 사소한 것들이지만 이게 좀 불편한 것은 사실이야.

　우리 부부가 처음에 가장 많이 부딪힌 게 뭔지 알아? 양말이었어. 나는 양말을 보통 뒤집어 벗어서 바로 세탁물 통에 넣었어. 특별한 이유가 있었던 것은 아니야. 그냥 뒤집어 벗는 것이 편하니까 그렇게 했어. 그걸 아내가 너무 싫어하는 거야. 그렇게 양말을 뒤집어 벗어 놓으면 나중에 다시 뒤집어야 하니까 바로 벗어서 갖다 놓으라는 거야.

　아내 말도 일리가 있었지만 내 생각은 달랐지. 지금 다시 뒤집으나 나중에 빨래 다 끝나고 말린 다음에 다시 뒤집으나 뒤집는 것은 마찬가지니 그냥 편한 게 좋다는 거지. 그렇다고 내 주장을 관철시키지는 않았어. 난 똑똑한 사람이거든. 역시 가정의 평화를 지키기 위해 아내 말을 따랐지. 아직도 가끔은 아무 생각 없이 옛날처럼 뒤집어 벗어 놓을 때가 있어. 그것 때문에 아내가 한 소

리 하기도 하고.

아내의 한 소리가 듣기 싫지만 이걸 듣기 싫다고, 내 마음대로 양말을 벗고 싶다고 내가 이 결혼생활을 끝내지는 않겠지.

이건 좀 불편한 거야. 서로 양보하고 이해하면서 살면 되는 거야. 중요한 것은 사랑하는 두 사람이 한 가정을 이루고 자녀들을 낳고 함께 행복하게 살아간다는 거지.

교회생활도 마찬가지야. 좀 어색하고 낯선 것들이 분명히 있을 거야. 사람 관계가 좀 힘들 수도 있고. 하지만 그것은 좀 불편한 거야. 그 불편한 것들 때문에 교회생활을 포기한다면 정말 중요한 것을 놓치게 되는 거지.

'나를 향한 하나님의 놀라운 사랑.'

'천지를 창조하신 전능한 하나님이 나의 아버지가 되시는 엄청난 비밀.'

'예수님 안에서 한 공동체가 되어 누리는 풍성한 기쁨.'

조금 불편한 것들 때문에 이것들을 놓친다는 것은 정말 말이 안되지.

이제 신앙의 첫걸음을 시작한 네가 교회에서 이 놀라운 경험을 하며 멋진 하나님의 사람으로 성장하면 좋겠다.

반가웠어, 교회에 정말 잘 왔어.

• 핵심 정리 •

1장 성경은 무슨 책이야?
성경은 사람이 구원받는 길을 보여 주고,
구원받은 후에 어떻게 살아야 하는지를 가르치기 위해 기록되었어.

2장 구원이 뭐야?
구원은 영원한 죽음의 심판을 받게 된 사람이
그 절망적인 상태에서 건짐받는 것을 말해.

3장 왜 예수님을 믿어야 해?
사람이 구원받는 유일한 길은 예수님을 구주로 믿는 거야.

4장 예배는 왜 드리는 거야?
예배는 그저 교회에 다니기 때문에 하는 종교의식이 아니야.
주일에 함께 모여 예배를 드리는 것은 예수님이 나의 구원자가 되신다는 고백이야.

5장 교회가 뭐야?
예수님을 믿는 한 사람 한 사람이 교회이며,
예수님을 믿는 성도의 모임을 교회라고 부르는 거야.

6장 기도는 어떻게 하는 거야?
예수님의 이름으로 기도한다는 것은,
오직 예수님의 이름을 힘입어서 하나님께 나아간다는 신앙고백이야.

7장 헌금은 왜 하는 거야?
우리는 하나님의 청지기야.
헌금을 드리는 것은 내 모든 것이 하나님의 소유임을 인정하는 신앙고백이야.

8장 기독교인은 어떤 사람이야?
기독교인은 단순히 교회에서 종교생활을 하는 사람이 아니야.
하나님을 따라 사는 사람, 예수님을 닮은 사람이 되어야 해.

9장 기독교인은 세상에서 어떻게 살아야 해?
하나님은 우리에게 세상에서 손해 보며 살라고 요구하셔.
우리가 이렇게 살 때 세상이 우리의 모습을 보고
하나님께 영광을 돌린대.

교회사용설명서

초판 1쇄 발행 | 2017년 1월 24일
초판 5쇄 발행 | 2024년 6월 15일

지은이 | 김덕종
그린이 | 만드는장소
펴낸이 | 신은철
펴낸곳 | 좋은씨앗
출판등록 제4-385호(1999. 12. 21)
주소 | (06753) 서울시 서초구 바우뫼로 156(양재동, MJ빌딩) 402호
주문전화 | (02) 2057-3041 주문팩스 | (02) 2057-3042
이메일 | good-seed21@hanmail.net

www.facebook.com/goodseedbook

ISBN 978-89-5874-273-9 03230

이 책의 저작권은 도서출판 〈좋은씨앗〉에 있습니다.
신저작권법에 의하여 한국 내에서 보호받는 저작물이므로 무단전재와 무단복제를 금합니다.